Gerlinde Blahak

Kreative Kurzprojekte für den Kunstunterricht

Schritt für Schritt zum künstlerischen Gestalten

5.–10. Klasse

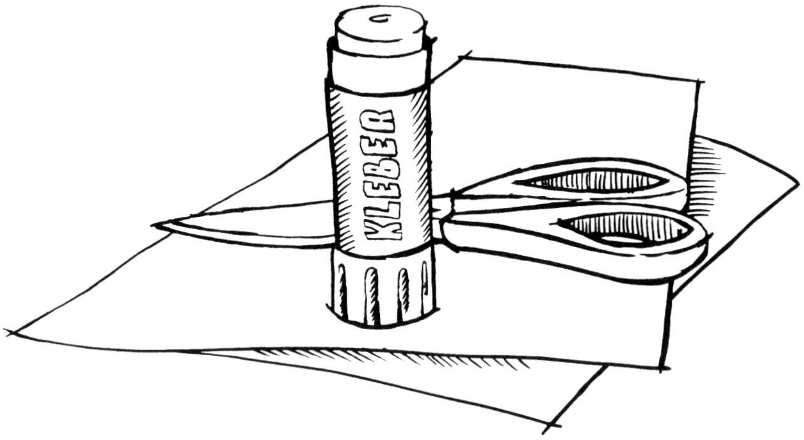

Persen Verlag GmbH

Die Autorin:

Gerlinde Blahak – Studienrätin für die Fächer Englisch, Geschichte, Sozialkunde und Kunsterziehung. Sie arbeitet an einer Realschule und der Fachakademie für Sozialpädagogik. Veröffentlichungen im Bereich Kunstpädagogik.

Gedruckt auf umweltbewusst gefertigtem, chlorfrei gebleichtem und alterungsbeständigem Papier.

1. Auflage 2009
Nach den seit 2006 amtlich gültigen Regelungen der Rechtschreibung

Illustrationen: Gerlinde Blahak/Roman Lechner
Satz: MouseDesign Medien AG, Zeven

ISBN 978-3-8344-**3398**-5

www.persen.de

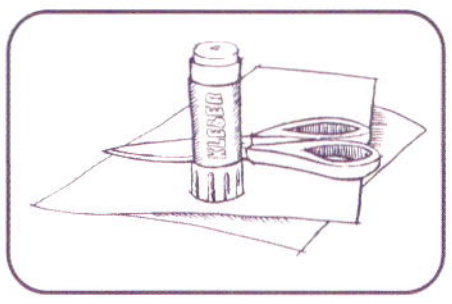

Einführung

Projekte für 1–2 Unterrichtsstunden

Projekte für 3–4 Unterrichtsstunden

Vorwort

Viele Lehrer* kennen das Problem: Wie kann man bei einem knapp kalkulierten Zeitrahmen, der oftmals nur eine Wochenstunde für Kunst vorsieht, den Schülern in den verschiedenen Gestaltungsbereichen Wesentliches vermitteln? Welche Themen sprechen die Schüler an, sind aber gleichzeitig nicht so aufwendig, dass sich die Arbeit über viele Wochen hinzieht? Denn nichts lässt die Motivation der Schüler schneller schwinden als die Arbeit an einem Projekt, dessen Ende (für den Schüler) fast nicht mehr abzusehen ist.

Dieses Buch versucht nun gegenzusteuern, indem es …

- 20 Vorschläge für Themen mit wenig Zeitaufwand (1–4 Unterrichtsstunden) macht.
- Abwechslung durch den Einsatz von verschiedenen Techniken und Methoden bringt.
- detaillierte Schülerarbeitsblätter mit genauen Anweisungen zu jeder Aufgabe bietet.
- für die Hand des Lehrers methodisch-didaktische Einsatz-Hinweise, Bildbeispiele und weiterführende Anregungen auflistet.

Die Projekte sind alle aus der Praxis entstanden und können ohne großen Materialaufwand (siehe Materiallisten) unmittelbar im Unterricht eingesetzt werden.

Ich wünsche allen, die mit diesem Buch arbeiten, das größte Erfolgserlebnis, das ein Lehrer haben kann: motivierte und begeisterte Schüler.

Gerlinde Blahak

* Der besseren Lesbarkeit halber ist hier nur von Lehrern und Schülern die Rede. Selbstverständlich sind auch alle Lehrerinnen und Schülerinnen gemeint und sollten sich keinesfalls zurückgesetzt fühlen.

Projekte für 1–2 Unterrichtsstunden

1. „Geknickte" Grüße — Seite 16

Papierarbeit: Überraschungskarten
Zeitaufwand: 1–2 Stunden

Material:
- Fotokarton-Streifen, weiß, ca. 23 cm x 5 cm
- Filzstifte
- Bleistift
- Schere (eventuell Tapetenmesser)

Sehr individuell gestaltete Kartengrüße sind die Ergebnisse dieser Arbeit. Sie unterscheiden sich sowohl vom Format als auch von der überraschenden Ideen her deutlich von den im Handel käuflichen Grußkarten.

2. Super-Vogel — Seite 18

Entwurf für ein Titelblatt oder eine Grußkarte
Zeitaufwand: 1–2 Stunden

Material
- weißes Zeichenpapier DIN A4
- Seiten aus Zeitschriften (ohne Text), mindestens DIN A4
- Bleistift
- schwarze Filzstifte (verschiedene Stärken)
- Schere
- Klebestift

Schüler legen sich für fast alle Fächer Ordner an, deren ein wenig „uniformes" Äußeres durch diese auffallenden und sehr attraktiven Deck- oder Registerblätter zu einem Blickfang wird – auf den Schüler sicher öfter angesprochen werden.

3. Abendstimmung — Seite 20

Scherenschnitt, malen und kleben / scharfe und unscharfe Konturen
Zeitaufwand: 2 Stunden

Material
- weißes Zeichenpapier DIN A3 oder DIN A4
- schwarzes Tonpapier (DIN A4)
- Bleistift
- schwarze Filzstifte in unterschiedlicher Stärke
- Malkasten
- breiter Pinsel
- spitze Schere

- Klebestift
- Zeitungspapier (zum Abdecken)

1. Diese Aufgabe ist sehr motivierend für Schüler, weil sie durch den Einsatz von drei Techniken in rascher Folge (Nass-in-Nass-Malerei, Collage, Filzstiftarbeit) Abwechslung in den Unterricht bringt.
2. Weitere Anregung für eine Nass-in-Nass-Arbeit zum Thema ***Zeitspirale,*** aus: Gerlinde Blahak, Kunst in allen Fächern – entdecken und gestalten, ebenfalls im Persen Verlag 2004 (ISBN 3-89358-683-0) erschienen.

4. Zuhörer Seite 23

Collage/Zeichnen
Zeitaufwand: 1–2 Unterrichtsstunden

Material
- Fotokarton/Tonpapier DIN A4 in Grau
- Tonpapier DIN A4 in einer kräftigen Farbe (grün, rot, blau ...)
- Packpapier oder alte Briefumschläge (braun) DIN A 5
- weißes Zeichenpapier oder Kopierpapier
- Skizzenpapier
- Spiegel
- Schere
- Filzstifte (schwarz, braun, grau)
- Bleistift
- Klebestift

Lassen Sie Vorskizzen zur Haltung der Hände (siehe Anleitung Skizze 2), Gesichtsausdruck (siehe Skizze 1) und Neigung des Kopfes beim Zuhören erstellen.
Schlagen Sie den Schülern als auflockernde Aktivität vor, sich gegenseitig Modell zu stehen.

5. Wellenmuster Seite 26

Filzstiftarbeit/3-D-Effekt
Zeitaufwand: 2 Stunden

Material
- kräftiges Zeichenpapier DIN A 4
- farbige Filzstifte
- Schere
- Tonpapier DIN A4 zum Aufkleben
- Klebstoff

Diese Aufgabe eignet sich zur Einführung oder Behandlung des Themas „Op-Art" in der Kunstgeschichte. Zeigen Sie dazu Arbeiten von Bridget Riley oder Vasarely.

6. Fingerköpfe Seite 29

Grafik: Fantastisches Zeichnen
Zeitaufwand: 1–2 Stunden

Material
- Zeichenpapier DIN A4
- Bleistift
- Radiergummi
- schwarze Filzstifte

1. Die Schüler benötigen für diese Aufgabe äußerst wenig Material, sodass das Projekt auch außerhalb des Kunstsaals in jedem beliebigem Klassenzimmer umgesetzt werden kann.
2. Als zusätzliche Details können auf den Händen noch „Tattoos“ (aufgemalt oder geklebt) oder schmückende Ringe angebracht werden.

7. Stromnetz Seite 31

Grafische Arbeit mit Lineal und Filzstiften
Zeitaufwand: 1–2 Stunden

Material
- weißes Zeichenpapier DIN A4
- Lineal (ca. 30 cm)
- schwarze Filzstifte in verschiedenen Stärken

1. Die Schüler bearbeiten die Bildfläche ohne Vorzeichnung mit Lineal und Filzstiften.
2. Der Eindruck von Ferne und Nähe entsteht durch …
   a) kräftigere und dünnere Linien,
   b) Staffelung der Strommasten hintereinander,
   c) Größenkontrast mit sehr kleinen Personen- oder Baumgruppen.

8. Riesenschmetterling Seite 33

Collage in Gemeinschaftsarbeit
Zeitaufwand: 1–2 Stunden

Material
- Fotokarton DIN A3 oder DIN A2 als Klebefläche
- Rest von schwarzem Fotokarton für den Schmetterlingskörper
- Collagematerial: Flyer von Ausstellungen, Fotos von Schulfesten, Kataloge ...
- Schere
- Klebestift
- Bleistift

1. Die Schüler arbeiten in Gruppen (3–4 Schüler) und erstellen eine Collage im Format DIN A2. Will man das Projekt in Einzelarbeit durchführen, empfiehlt es sich als Klebeuntergrund Fotokarton in Größe DIN A3 zu verwenden, der dann, in der Mitte geknickt, auch in Sammelmappen (DIN A4) eingelegt werden kann.

2. Im Vorfeld sollte Collagematerial zu folgenden Themen bereitgestellt werden:
   a) Kunstgeschichtliche Strömungen: Barock, Expressionismus, Surrealismus ...
   Tipp: Anlässlich von Ausstellungen gibt es Flyer in Klassenstärke kostenlos, deren Abbildungen verwendet werden können. Auch Kalender oder Kopien von Schülerarbeiten können in diesem Zusammenhang eingesetzt werden.
   b) Schulische Ereignisse: z. B. Tag der offenen Tür, Sportfest ...
   Tipp: Fotoserien ausdrucken und zerschneiden.
   c) Bild-Präsentation von Referatsthemen: Tiere im Zoo, Afrika, USA, Wüstenregionen ...
   d) Darstellung einzelner Schulfächer: Geschichte, Englisch, Musik ...
3. Während auf den collagierten Flügeln die Bilder überlappend dicht an dicht bewusst unübersichtlich angeordnet werden, sollte das jeweilige Thema auf dem Schmetterlingskörper gut lesbar zutage treten.

9. Bergwelt — Seite 35

Collage mit verschiedenen Tonpapieren
Zeitaufwand: 2 Stunden

Material
- Fotokarton (mindestens DIN A4) als Hintergrund
- Tonpapier in verschiedenen Farben zum Collagieren
- Malkasten
- breiter Borstenpinsel
- Schere
- Klebestift

1. Die Schüler bemalen Tonpapier **in Teilen** streifenweise mit Malkastenfarben.
   Dabei sollte auf möglichst **ungewöhnliche Farbstellungen** Wert gelegt werden.
2. Die Bergzüge werden **ohne Vorzeichnung** mit der Schere als Aneinanderreihung von verschiedenen Dreiecksformen gleich aus dem Tonpapier ausgeschnitten.
3. Durch **Staffelung** der verschiedenfarbigen Silhouetten hintereinander entsteht ein Gipfelpanorama.
4. Durch Malen hergestellte **Kreisbogenformen** ergänzen als Regenbogen oder Mondsichel das Landschaftsbild.

10. Schriftzeich(n)en — Seite 37

Geheimschrift entwickeln
Zeitaufwand: 1–2 Stunden

Material
- weißes Zeichenpapier DIN A4
- Bleistift
- Lineal
- bunte Filzstifte in verschiedenen Strichbreiten

Die Beschäftigung mit Schrift als bildnerisches Element und geheime „Kürzelsprache“ regt die Kreativität der Schüler an und tangiert lehrplankonform auch die Bereiche „neue Medien“ und „Werbung“.

11. Pappel-Allee Seite 39

Grafik: Perspektive
Zeitaufwand: 2 Stunden

Material

- weißes Zeichenpapier DIN A4
- Lineal
- Bleistift
- schwarzer Filzstift in zwei Strichstärken
- roter Filzstift (z. B. Stabilo)

1. Die Aufgabe eignet sich gut zur Einführung in das perspektivische Zeichnen.
2. Zahlen und Buchstaben werden als Ornament und Flächen füllendes Mittel begriffen. Durch ihre unterschiedliche Größe und Anordnung werden auch sie als perspektivisches Mittel in diesem Bild eingesetzt.

Projekte für 3–4 Unterrichtsstunden

1. Tahiti Seite 42

Malerei und Grafik: Schwarz und bunt
Zeitaufwand: 3–4 Unterrichtsstunden

Material
- Reproduktionen von Bildern Paul Gaugins (Kalender, Kunstbücher)
- Pauspapier
- Zeichenpapier DIN A4/DIN A3
- Malkasten
- dünne Borstenpinsel
- schwarzer Filzstift
- Lineal
- Bleistift
- Büroklammern

Dieses Projekt kann im Rahmen des Kunstgeschichteunterrichts (Expressionismus/Gaugin) eingesetzt werden. Stellen Sie den Schülern mehrere Bildbeispiele zur Verfügung, aus denen sie ihre Auswahl treffen können oder treffen Sie selbst eine gezielte Vorauswahl. Kopieren sie die Bilder auf Größe DIN A4 in Schwarz-Weiß. Die Schüler übertragen dann im Durchpausverfahren nur die wichtigsten Linien auf ein Skizzenblatt. Diese Umrisszeichnung kann sofort bearbeitet oder auf DIN A3 vergrößert werden.

2. Helm-Maske Seite 45

3 D-Arbeit mit Fotokarton
Zeitaufwand: 3–4 Unterrichtsstunden

Material
- Fotokarton in beliebiger Farbe (35 cm x 50 cm)
- Lineal
- Bleistift
- Schere
- Malkasten
- Filzstifte
- Locher
- dünnes Gummiband
- Klebstoff

Neben der Verwendung als Karnevalskopfbedeckung lässt sich die Aufgabe auch **fächerübergreifend** einsetzen, z. B. in Geschichte, Deutsch (Griechische Helden – Trojasage), Darstellendem Spiel usw.

3. Hüte in Ascot — Seite 48

Zeichnen mit Buntstiften: Hut-Design
Zeitaufwand: 3–4 Unterrichtsstunden

Material
- weißes Zeichenpapier (DIN A3)
- Bleistift, Radiergummi
- Holzfarbstifte/Buntstifte

1. Führen Sie dieses Projekt mit Abbildungen außergewöhnlicher Hüte aus Zeitschriften ein. Sie können auch Schüler im Vorfeld Bilder sammeln lassen.
2. Weisen Sie darauf hin, dass die Modelle fantasievoll, aber nicht unbedingt „tragbar" sein müssen.
3. Der Verzicht auf eine detaillierte Ausgestaltung des Gesichts bringt das eigentliche Thema der Aufgabe, die Hutkreationen, besser zur Geltung.

4. Stelzengeher — Seite 51

Zeichnen mit Kugelschreiber: Veränderte Proportionen
Zeitaufwand: 3–4 Unterrichtsstunden

Material
- weißes Zeichenpapier DIN A3
- Bleistift
- Radiergummi
- schwarzer oder blauer Kugelschreiber
- Lineal

Ziel dieses Projekts ist es, die Proportionen des menschlichen Körpers **grotesk** zu verändern. Das geschieht durch überlange Beine **(Stelzen)** sowie überdimensionale **Kopfbedeckungen.** Die Darstellung der **Gesichtszüge** wird auf **Zeichen/Symbole** reduziert.
Da die zeichnerische Umsetzung mit **Kugelschreiber** erfolgt (gleichmäßige Strichstärke), bedeutet das, dass **Hell- und Dunkelwerte** durch mehr oder weniger verdichtete Muster, Linien und Strukturen dargestellt werden müssen.
Die Staffelung der dargestellten Personen und ihre abnehmende Größe zum oberen Bildrand hin bringt **Perspektive** in die Darstellung.

5. Klecks in the City — Seite 54

Zufallsverfahren (Klecksen) und Collage
Zeitaufwand: 3–4 Unterrichtsstunden

Material
- verschiedene Papiere (ca. DIN A4): Packpapier, Tonpapier, Kopierpapier, Zeitungspapier ...
- dickflüssige Farben (in Tuben und Flaschen): Acryl, Wandfarben usw.
- Zeitungspapier (zum Abdecken)
- Malkittel
- Einmal-Handschuhe
- Bleistift
- Schere
- Klebestift
- Zeichenkarton (DIN A3) zum Aufkleben

Von der Arbeit in der ersten Phase des Projekts geht ein starker Motivationsschub aus, denn die Schüler dürfen **„sudeln“**, das heißt, Farbe aus Tuben quetschen und beliebig mit den Händen verstreichen **(haptische Erfahrung).** Zudem arbeiten sie in **Gruppen.**
Tipp: Lassen Sie die Schüler im Vorfeld verschiedene Papiersorten sammeln.
Während der Trocknungsphase entwerfen sie Kleidungsstücke und Accessoires, die sie dann auf die farbig gestalteten Blätter übertragen und ausschneiden. Das Augenmerk liegt dabei auf der **Auswahl der farbigen Flächen** sowie auf deren **Kombination mit einfarbigen Papieren.**

6. Kachina-Puppen — Seite 57

3D-Papierarbeit
Zeitaufwand: 3–4 Unterrichtsstunden

Material
- braunes Packpapier (1 Bogen)
- weißes Zeichenpapier
- Tonpapier-Reste (erdfarben, dunkelgrün, blau, rot) mindestens DIN A4
- bunte Filzstifte
- Schere
- Bürotacker
- Klebstoff
- Wollfäden, Stoffreste, Federn

Hintergrundinformation
Kachinas werden von nordamerikanischen Indianern hergestellt (Hopi, Zuni). Sie verkörpern Geister von Tieren, Orten, Gegenständen, Naturgewalten, Insekten oder Pflanzen. Ihre Ursprünge reichen weit in die vorkolumbianische Zeit zurück. Sie dienen als Fürsprecher bei wichtigeren Gottheiten, ver-

gleichbar mit der Rolle, die Heilige im christlichen Glauben spielen. Häufig schenkt man sie Kindern als Zeichen dafür, dass sie in die Kachina-Gemeinschaft aufgenommen sind. Original-Kachinas werden aus Holz geschnitzt und mit Pflanzen- oder Erdfarben bemalt.

Zeigen sie zum Auftakt der Unterrichtseinheit Kachina-Puppen und erarbeiten sie die charakteristischen Merkmale:

- Übergroße Köpfe mit stilisierten Nasen und Augen, eckige, wenig detaillierte Körperformen,
- Bemalung mit geometrischen Mustern, meist Verwendung von Erdfarben (braun, rot, ocker, weiß, schwarz),
- Federn, Wollfäden, Bast als Schmuck.

Abbildungen sind zu finden in:
Southwestern Indian Arts and Crafts, Las Vegas1992 (ISBN 0-916122-91-3)

Weitere Anregungen:
Indianisches (Tiermotive) in: Gerlinde Blahak, Kunst in allen Fächern, Persen Verlag 2004 (ISBN 3-89358-683-0)

7. Schwarz und weiß — Seite 61

Grafisches Arbeiten mit Filzstift und Tonpapier
Zeitaufwand: 2–3 Stunden

Material

- weißes Zeichenpapier (DIN A4)
- schwarzes Tonpapier (DIN A4)
- schwarzer Filzstift
- Bleistift
- Lineal
- Schere
- Klebestift

Diese Aufgabe eignet sich als Einstieg in den Gestaltungsbereich **COMIC:**

1. Das Bild besticht durch einen **harten Schwarz-Weiß-Kontrast.** Das bedeutet, dass in Teilen des Bildes das Weiß des Hintergrundes sowie das Schwarz der aus Tonpapier geschnittenen Flächen dominieren.
2. Die Gestaltung dieser Flächen steht am Beginn der Arbeit. Erst in einem zweiten Schritt werden die Restflächen mit **Linien und Streifen** (Filzstift) gefüllt, die in unterschiedliche Richtungen verlaufen und aneinanderstoßen.
3. Gesichter und Körperteile werden, wie in einem Film-Still, **vom Bildrand abgeschnitten.**

8. Feuerwerk Seite 63

Nass-in-Nass-Malen, Wachsbatik auf Papier, Zeichnen
Zeitaufwand: 2–3 Stunden

Material
- 2 Blatt weißes Zeichenpapier DIN A4 oder DIN A3
- weiße Kerzenreste
- Malkasten
- breiter Pinsel
- Wachsmalkreiden
- Bleistift
- schwarzer Filzstift
- Schere
- Klebestift

1. Mit Kerzenresten werden die Bahnen von auseinandersprühenden Feuerwerkskörpern vorgezeichnet. Dabei sollte man darauf achten, dass fest aufgedrückt wird.
2. Die Nass-in-Nass-Arbeit erfolgt mit breitem Pinsel auf dem vorher angefeuchteten Papier.
3. Während der Trocknungsphase beschäftigen sich die Schüler auf einem gesonderten Blatt mit der zeichnerischen Darstellung von Menschen in Rückansicht.
4. Farbige Effekte (Feuerwerkskörper) werden erst zum Schluss mit Wachsmalstiften aufgebracht.

9. Federvieh Seite 66

Malen mit Deckfarben und Tuschestift
Zeitaufwand: 3–4 Stunden

Material
- weißes Zeichenpapier DIN A3
- Skizzenpapier
- Bleistift
- Malkasten
- Borstenpinsel in verschiedenen Breiten
- Tusche- oder Tintenstift (wasserlöslich)

1. Als Motiv eignen sich Vögel mit auffallend gemustertem Gefieder. Dazu zeigt man am besten Farbfolien von Vögeln wie Hahn, Henne, Truthahn, Gänsegeier, Meise etc. (Abbildung eines Truthahns als Vorschlag).
2. Die charakteristischen Umrisse des jeweiligen Vogels werden als Vorzeichnung aus geometrischen Formen erstellt (Bleistiftzeichnung/Anleitung Skizze 1).
3. Der Pinsel wird sowohl breitseitig als auch mit der Spitze tupfend und malend eingesetzt. Es empfiehlt sich, eine Vorübung zu machen, in der die verschiedenen Anordnungen der Federn durch

den Pinseleinsatz angedeutet werden (Skizze 2).

4. Wichtig: Zwischen den einzelnen Pinselstrichen muss noch das Weiß des Papiers zur weiteren Ausgestaltung sichtbar bleiben.
5. Feine Strukturen und Grau-Zwischentöne werden durch Kritzelspuren mit dem Tuschestift und anschließendes Lasieren dieser Stellen erzeugt (Skizze 3).
6. Das Motiv kann auch teilweise vom Blattrand abgeschnitten werden.

„Geknickte“ Grüße

Material
- Fotokarton-Streifen, weiß, ca. 23 cm x 5 cm
- Filzstifte
- Bleistift
- Schere (eventuell Tapetenmesser)

Entwurf A/Vorderseite
- Lege deinen Fotokarton-Streifen senkrecht vor dich hin und teile die Fläche im Verhältnis 1:2 ein, indem du mit dem Bleistift quer eine Linie ziehst.
- Zeichne nun in die kleinere oder größere Fläche eine Figur deiner Wahl (z. B. einen Vogel, ein Mädchen, eine Comicgestalt ...) und zwar so, dass das obere Drittel des Kopfes über die vorgezeichnete Bleistiftlinie hinausragt. Lass zu beiden Seiten des Kopfes ca. 1 cm Abstand zum Rand.
- Nutze die Fläche, die du für die Zeichnung ausgesucht hast, gut aus: zeichne z. B. Haare, Arme, einen Blumenstrauß, Kleidung, Federn ..., je nachdem, welches Motiv du dir überlegt hast.
- Gestalte es mit Filzstiften aus.

Knick-Vorgang
- Schneide nun den Teil, der über die vorgezeichnete Trennlinie hinausragt (Oberkopf) vorsichtig mit einer spitzen Schere oder einem Tapetenmesser entlang der vorgezeichneten Linie aus (siehe Skizze).
  Wichtig: Die Bleistiftlinie rechts und links der Schnittlinie wird zur Knick-Kante.
- Klappe das längere (oder kürzere) Stück Karton so nach hinten, dass das obere Kopfteil deiner Figur über die Knickkante hinausragt.

Entwurf B/Rückseite
- Drehe den Kartonstreifen um.
- Zeichne nochmals ein Gesicht: in die überstehende ausgeschnittene Fläche.
- Führe die Zeichnung auf der restlichen Fläche weiter. Arbeite zunächst mit Bleistift.
  Wichtig: Kontrolliere durch Aufklappen und gelegentliches Umdrehen, ob sich dieser Entwurf gut an den Entwurf A anfügt. Zum Beispiel können Haarsträhnen weiterlaufen, ein Federbusch auf dem Kopf sitzen, ein Hut oder eine Schleife hinzukommen.
- Erst wenn die Linien schlüssig weiterlaufen, arbeitest du alles mit Filzstift aus.

Schriftzug
- Lege deinen Kartonstreifen wieder flach vor dich hin. Suche eine größere freie Fläche und schreibe mit schwungvoller Schrift (mit Bleistift vorschreiben!) „Alles Gute zum ...“ oder „Liebe Grüße von ...“ oder Ähnliches auf die Knick-Karte.

Verwendung
Beim Versenden wird der Kartonstreifen flach in ein Kuvert gesteckt und der Empfänger wird mit einem Doppelbild überrascht, das sich sogar (geknickt) aufstellen lässt.

„Geknickte" Grüße

Super-Vogel

Material
- weißes Zeichenpapier DIN A4
- Seiten aus Zeitschriften (ohne Text), mindestens DIN A4
- Bleistift
- schwarze Filzstifte (verschiedene Stärken)
- Schere
- Klebestift

Entwürfe
- Zeichne auf ein Skizzenblatt Vögel in verschiedenen Haltungen: sitzend, stehend, mit langem Schwanzgefieder, mit ausgebreiteten Schwingen, mit ungewöhnlichen Schnäbeln, langen Hälsen usw. Achte darauf, dass sie gut in ein DIN-A4-Format passen.
- Zeichne keine allzu detaillierten Formen, da diese schwieriger auszuschneiden und aufzukleben sind. Krallen und dünne Beine lässt du beim Ausschneiden weg – sie werden später dazu gezeichnet.

Buntes Collage-Teil
- Blättere Zeitschriften durch und überlege welche Farbstellung sich gut für einen Vogelkörper eignen würde. Gewandfalten und Himmelstrukturen können zum Beispiel auf dem ausgeschnittenen Teil wie Gefieder wirken.

  Tipp: Drehe die Abbildungen oder stelle sie auf den Kopf.
- Wähle einen deiner Entwürfe vom Skizzenblock aus, schneide ihn aus und nimm ihn als Schablone. Zeichne die Konturen mit Bleistift auf die farbige Fläche. Beachte bei der Größe, dass an allen Seiten des Collage-Teils noch Platz für zeichnerische Ergänzungen bleiben soll.
- Klebe das Collage-Teil auf ein weiteres Zeichenblatt (DIN A4).

Grafische Ausarbeitung
- Zeichne zunächst mit dünnem Filzstift winzige, „fedrige“ Details hinzu: einen Kopfputz, Auswölbungen an Schnabel und Krallen, abstehendes Gefieder an Brust und Rücken, prächtig strukturierte Schwanzfedern und Flügel ...

  Tipp: Versuche, die vorhandenen Körperformen zu „vergrößern“ und fülle die entstandene Zwischenflächen mir fantasievollen Mustern.
- Verstärke Linien und lasse sie an- und abschwellen. Versuche, nur mit schwarzen Filzstiften (breitere und dünne Strichstärke) zu arbeiten.

Präsentation/Einsatz
- Verwende deinen Supervogel als Deckblatt für eine Sammelmappe, als Titelblatt für ein Register oder (verkleinert) als originelle Grußkarte.
- Hängt alle Ergebnisse euerer Gruppe nebeneinander, denkt euch ausgefallene Namen aus und lasst Eltern, Lehrer oder Schüler einer anderen Klasse mithilfe von Strichlisten den Super-Star unter den Supervögeln wählen.

Material

- weißes Zeichenpapier DIN A3 oder DIN A4
- schwarzes Tonpapier (DIN A4)
- Bleistift
- schwarze Filzstifte in unterschiedlicher Stärke
- Malkasten
- breiter Pinsel
- spitze Schere
- Klebestift
- Zeitungspapier (zum Abdecken)

Malen: der Hintergrund

- Decke deinen Arbeitsplatz mit Zeitungspapier ab. Lege das Zeichenpapier waagerecht vor dich hin.
- Trenne mit einer Bleistiftlinie einen schmalen Streifen (3 cm bei einem DIN-A4-Blatt) am unteren Bildrand ab, den du zunächst nicht bearbeitest.
- Nimm einen breiten Pinsel, tauche ihn in sauberes Wasser und benetze die restliche Fläche.
- Beginne dann, entlang der Hilfslinie am unteren Blattrand zu malen.
  Da dein Bild den Augenblick einfangen soll, an dem die Sonne am Horizont mit prächtigem Farbenspiel untergeht, malst du zuerst im unteren Bereich des Bildes mit der hellsten Farbe in die feuchte Fläche.
- Verwende zunächst Gelb und Orange, gehe über zu Rottönen und lasse alles gut ineinanderlaufen.
- Setze in Schwarz mit einem zweiten Pinsel kleine graue Wölkchen dazwischen.
- Setze nun in die noch feuchte Fläche mit schwarzer Farbe und viel Wasser zwei senkrechte Rauchsäulen, wie sie von Kartoffelfeuern oder Schloten aufsteigen könnten. Achte wieder darauf, dass die schwarze Farbe leicht zu Wolken verläuft.
- Nimm nun mit einem breiten Pinsel viel schwarze Farbe auf und male den ausgesparten Streifen am unteren Blattrand deckend aus.

Tipp 1: Male bei den hellen Farben immer in horizontaler Richtung von einem Blattrand zum anderen.

Tipp 2: Wenn du zusätzlich noch kräftigere Farbakzente setzen willst, feuchte die jeweilige Fläche erneut mit klarem Wasser an.

Bäume im Scherenschnitt

Während dein Bild trocknet, schneidest du aus schwarzem Tonpapier Silhouetten von kahlen Bäumen:

- Zeichne mit Bleistift Bäume oder Baumstümpfe mit knorrigen Stämmen und zerzausten Ästen auf dem Tonpapier vor. Achte darauf, dass sich die Einzelheiten noch gut ausschneiden lassen. Entwirf Bäume mit verschieden geneigten Stämmen und in unterschiedlichen Größen.
- Schneide mit einer spitzen Schere die Motive aus.
- Ordne deine Scherenschnitte in einer Ecke des Blattes als Gruppe an. Der Bildrand kann Teile der Bäume abschneiden.
- Experimentiere und klebe die Baumsilhouetten schließlich auf.

Ausarbeitung von Details mit Filzstift

- Zeichne zunächst an die Silhouetten der Bäume mit dünnem, schwarzem Filzstift kleine Verästelungen: abgebrochene Zweige, Astgabeln, knorrige Ausbuchtungen. Achte dabei darauf, dass diese zusätzlichen Details „nahtlos“ aus den Stämmen herauswachsen und zur Spitze hin dünner werden.
- Zeichne entlang der Horizontlinie und zwischen den Bäumen Sträucher und Gebüsch, das sich mit dünnen Ästen, Zweigen und Halmen deutlich vom Hintergrund abhebt.

Personengruppe als Mini-Scherenschnitt

- Entwirf auf schwarzem Tonpapier Personen, die, als Spaziergänger vom seitlichen Bildrand kommend, durch die abendliche Szenerie wandern. Beachte, dass sie im Verhältnis zu den Bäumen sehr klein sein müssen, zum Beispiel bei einem DIN-A4-Blatt sind sie ca. 3–4 cm hoch.
- Schneide die Figuren aus.
- Klebe die Scherenschnitt-Figuren in dein Bild.
- Versieh die restliche schwarze Fläche noch mit einigen Schattenzonen oder Gesteinsbrocken, die du aus Tonpapier ausschneidest und ebenfalls aufklebst.

Material
- Fotokarton/Tonpapier DIN A4 in Grau
- Tonpapier DIN A4 in einer kräftigen Farbe (grün, rot, blau ...)
- Packpapier oder alte Briefumschläge (braun) DIN A 5
- weißes Zeichenpapier oder Kopierpapier
- Skizzenpapier
- Spiegel
- Schere
- Filzstifte (schwarz, braun, grau)
- Bleistift
- Klebestift

Vorüberlegungen

Der Zustand des „Zuhörens" soll durch Haltung und Gesichtsausdruck in einem (Kopf-)Porträt dargestellt werden. Überlege deshalb, wie du das durch die Neigung oder Drehung des Kopfes, Ausdruck der Augen oder die Haltung der Hände ausdrücken willst. Mache eine kleine Vorskizze auf einem Extra-Blatt.

Collagearbeit: Kopf

- Nimm zunächst das kräftig getönte Tonpapier und zeichne die Umrisse eines Kopfes darauf. Überlege, wo du die Ohren platzieren willst und beziehe ihre Umrisse mit ein.
- Schneide dann in groben, „eckigen" Schnitten diese erste Gesichtsfläche aus (F 1).
- Verwende jetzt das braune Packpapier oder Reste eines (braunen) Versandumschlags. Zeichne die „innere" Fläche eines Gesichts vor, auf der sich später Stirn, Nase, Kinn, Wangen usw. befinden werden.
- Schneide auch diese kleinere Fläche (F 2) mit groben Schnitten aus.
- Kontrolliere, ob sie gut auf die erste Fläche passt, sodass man von dieser ersten Fläche noch einen „Rand" sieht, den man als Haare oder auch Hals- und Schulterpartie deuten könnte.
- Klebe beide Flächen auf den Fotokarton.

Collagearbeit: Hände und Arme

- Überlege, welche Haltung Arme und Hände einnehmen sollen. Mache verschiedene Skizzen. ***Tipp:*** Nimm deinen eigenen Arm oder Arme und Hände eines Mitschülers als „Modell". Zeichne zunächst Arm, Handflächen und Fingerglieder als aneinandergefügte Rechtecke (Skizze 2).
- Drücke auch mit der Haltung der Arme aktives „Zuhören" aus: Sie stützen den Kopf, das Kinn liegt auf ...
- Wähle das gleiche Tonpapier wie für die erste Fläche oder weißes Zeichenpapier für die endgültige Ausführung.
- Schneide, wie bei einem Schattenriss, nur die äußeren Umrisse aus.
- Probiere aus, wie die Hände und Arme am besten liegen. Klebe Arme und Hände schließlich auf.

Collagearbeit: Ohren

- Verwende nun weißes Zeichen- oder Kopierpapier. Entwirf mit Bleistift, je nach Neigung des Kopfes, ein oder zwei Ohren. Zeichne nur die äußeren Umrisse. Die Ohren können, weil sie das Zuhören am deutlichsten symbolisieren, auch größer gestaltet werden.
- Lege sie zunächst, ohne sie aufzukleben, auf die vorgesehenen Stellen und versuche, aus weißem Zeichenpapier weitere Akzente in deinem Bild zu setzen: Manschetten, Ärmel, Kragen ...

Zeichnen der Gesichtszüge

- Zeichne nun in dem Gesicht (F 2) mit Bleistift Gesichtszüge vor. Arbeite nur mit Linien, die du ganz sparsam einsetzt. Achte auf den Augenausdruck: zum Beispiel Blick in die Ferne, auf ein Gegenüber gerichtet, in sich gekehrt, mit gesenkten Lidern ... Zeichne die Nase mit angedeutetem Nasenrücken und mit Nasenflügeln, den Mund mit Oberlippe und Unterlippe, die Haare mit wenigen Haarsträhnen, die ins Gesicht fallen, sich über der Stirn kräuseln ... Zeichne dabei auch über Fläche 2 hinaus.

  Beachte: Auch die Gesichtszüge deuten auf den Vorgang des Zuhörens hin.
- Gestalte die Vorzeichnung mit Filzstiften (schwarz, braun oder grau) aus. Fasse eventuell auch Hände und Arme teilweise mit einer dunklen Linie ein.

  Wichtig: Die Zeichnung soll die Collagearbeit nur unterstützen, aber nicht dominieren.

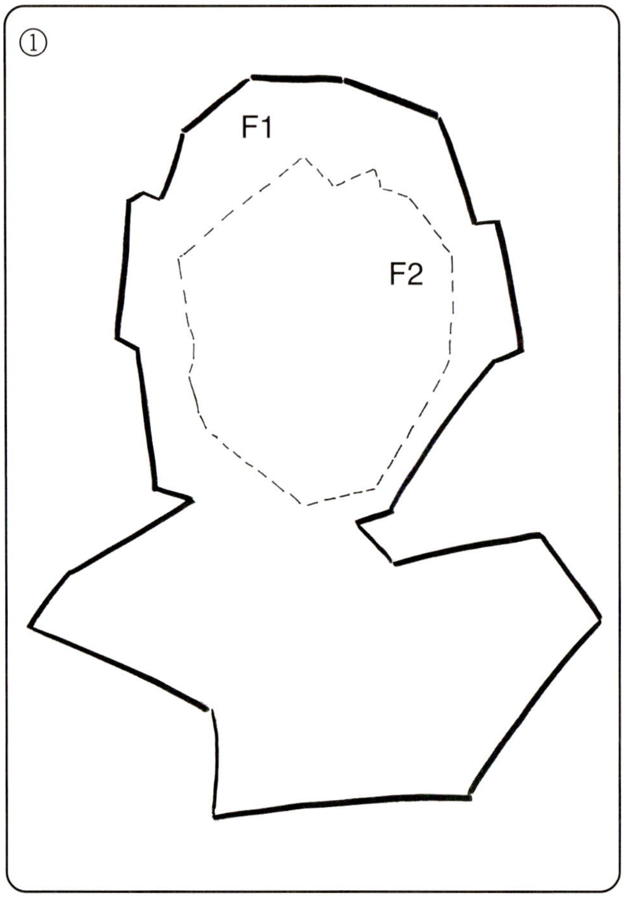

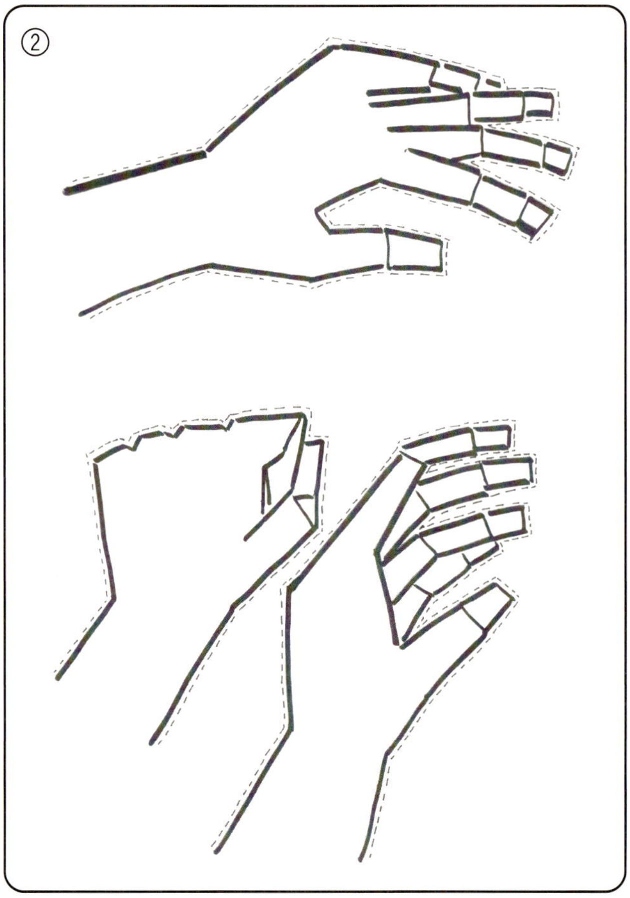

Material
- kräftiges Zeichenpapier DIN A4
- farbige Filzstifte
- Schere
- Tonpapier DIN A4 zum Aufkleben
- Klebstoff

Das Gerüst zeichnen
- Lege dein Zeichenblatt vor dich hin (längs oder quer).
- Zeichne in unregelmäßigen Abständen (ca. 5–8 cm) mit schwarzem Filzstift großzügige Wellenlinien über das Blatt. Führe die Linien von einem Rand zum anderen.
- Drehe das Blatt um 90 Grad und zeichne erneut Wellenlinien wie oben beschrieben. Es ergeben sich unregelmäßige Kästchen.
- Setze jetzt in jedes Kästchen ein geschwungenes „X“ (siehe Skizze 1). Die jeweiligen Randkästchen bleiben unberücksichtigt.

Farbiges Ausgestalten
- Jedes „verwackelte“ Kästchen wird nun in seinen **vier** Teilflächen farbig ausgemalt.
- Wähle dafür **zwei** Filzstiftfarben, die einen kräftigen Kontrast ergeben.
- Als **dritte** Farbe kommt Schwarz zum Einsatz.
- Die **vierte** Farbe ersetzt das Weiß des Papiers.
- **Wichtig:** Die einmal gewählte Reihenfolge der Farben muss für das ganze Bild konsequent eingehalten werden (siehe Skizze 2).

3-D-Effekt
- Schneide das Blatt entlang der bearbeiteten Fläche aus, sodass es einen wellenförmigen Rand erhält.
- Wähle ein farblich passendes Blatt Tonpapier (mindestens DIN A4) als Untergrund zum Aufkleben.
- Rolle dein bemaltes „Wellen-Blatt“ locker von zwei Seiten zur Mitte hin auf, wobei die farbige Seite innen liegt. Beim Wiederaufrollen weist das Blatt eine wellenförmige Krümmung auf.
- Klebe das Wellenbild an vier Punkten auf das Tonpapier. Die Enden und die Mitte heben sich locker vom Untergrund ab.
- Durch die verschieden gekrümmten Linien entsteht für das Auge des Betrachters eine wellenförmig bewegte Fläche.

Weitere Tipps

Verwende das Wellenmusterblatt ohne zusätzlichen 3-D-Effekt als Schmuckblatt für eine Mappe oder, verkleinert, für eine Grußkarte oder einen Gutschein.

SKIZZE 1

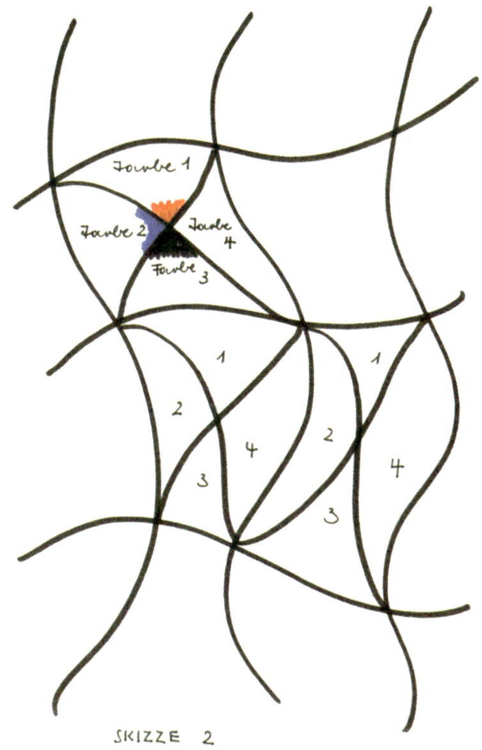

SKIZZE 2

Fingerköpfe

Material
- Zeichenpapier DIN A4
- Bleistift
- Radiergummi
- schwarze Filzstifte

Grundgerüst: eine Hand
- Dein Zeichenblatt (DIN A4) liegt senkrecht vor dir. Lege die linke Hand (bei Linkshändern die rechte Hand) auf den unteren Bereich des Blattes, sodass noch ungefähr ein Drittel des Blattes zur Bearbeitung frei bleibt.
- Nimm einen Bleistift und zeichne die Umrisse deiner Hand nach. Dabei sind die Finger abgespreizt. Halte den Stift so senkrecht wie möglich.

Fingerköpfe
- Arbeite zunächst mit Bleistift.
- Stell dir vor, dass an jedem Fingerende ein Aufsatz, vergleichbar mit einem ungewöhnlichen Fingerhut, steckt. Die aufgesteckten Teile haben die Form von Köpfen. Ihre Hals- und Schulterpartien sitzen wie Hülsen über den ersten Fingergliedern. Das bedeutet, dass du sie vom Finger etwas abstehen lassen musst und natürlich nicht mehr sichtbare Teile der Finger später wegradierst.
- Denke dir nun ganz verschiedene Köpfe zu folgenden Themen aus: Film-Stars am Set, Teenager bei einem Musik-Festival, Leute von heute, Science Fiction World, Pop-Gruppe, Leute in einer Einkaufspassage oder bei einem Sportereignis ...

  Beachte dabei folgende ***Tipps:***
  - Zeige die Köpfe aus verschiedenen Perspektiven: von der Seite, von vorn, von oben ...
  - Gib ihnen verschiedene Gesichtsausdrücke: erstaunt, rufend, nachdenklich, gespannt blickend ...
  - Entwirf unterschiedliche Frisuren: gelockt, langhaarig, kurz geschoren, Irokesen-Schnitt ...
  - Versieh die Köpfe mit Hüten, Kappen, Kopfhörern, Haarbändern ...
  - Gestalte auch die angedeutete Schulterpartie: Halsausschnitt, Kragen, Schmuck ...
  - Versuche insgesamt, die Bildfläche gut auszunützen: zusätzliche Schals, wehende Haarsträhnen ...

Ausarbeitung

Benutze zum Ausarbeiten schwarze Filzstifte. Gestalte zunächst die Köpfe mit einem Stift in dünner Strichstärke, indem du die Linien der Vorzeichnung nachfährst und zusätzliche Muster und Strukturen in Kleidungsstücke, Haare, Gesichter setzt.

Ziehe zum Schluss die noch sichtbaren Umrisse der Hand mit dickerem Filzstift nach. Gib dem Bild einen Titel.

Material
- weißes Zeichenpapier DIN A4
- Lineal (ca. 30 cm)
- schwarze Filzstifte in verschiedenen Stärken

Blattaufteilung/Komposition

Überlege zunächst,
- wie viele Strommasten du zeichnen willst,
- ob sie vom oberen/unteren Blattrand abgeschnitten werden,
- ob ein Teil der weißen Blattfläche als unbearbeiteter Himmel stehen bleiben soll.

Vorder- und Hintergrund: die Strommasten
- Beginne mit dem schwarzen Filzstift, der die breiteste Strichstärke aufweist. Zeichne die äußeren Streben von zwei oder drei im Vordergrund liegenden Strommasten. Beachte, dass ihr Abstand nach oben abnimmt. Benutze immer das Lineal.
  Tipp: Wenn du mehrere Linien dicht nebeneinandersetzt, erhältst du ein breiteres Linienband.
- Verbinde diese Außenmasten mit Streben, die sich überkreuzen oder Stützen, die waagerecht verlaufen. Benutze dabei einen etwas dünneren Filzstift. Erfinde unterschiedliche Verstrebungen und arbeite immer mit dem Lineal.
  Tipp: Dort, wo das Gestänge befestigt ist, gibt es deutlich sichtbare Verschraubungen und Nahtstellen.
- Setze nun mit dünnem Filzstift schmalere und niedrigere Masten in die Zwischenräume.
  Tipp: Die Masten dürfen sich auch überschneiden und werden nach hinten perspektivisch kleiner.
- Versieh die Strommasten mit Halterungen für die Stromkabel.

Stromleitungen

Arbeite jetzt ohne Lineal, denn Stromleitungen hängen im Allgemeinen etwas durch.
- Nimm einen sehr dünnen Filzstift und verbinde die Endstücke der Strommasten durch **schwungvolle Linien** miteinander.
- Diese Linien sind dichter und weiter voneinander entfernt. Sie gehen von einem Punkt aus oder tauchen am seitlichen Bildrand auf und verschwinden dort wieder. Sie überschneiden sich und bilden ein filigranes Geflecht, das den Reiz deines Bildes ausmacht.

Größenperspektive
- Vorschlag 1: Setze Arbeiter als winzige Personengruppen in die Masten und zeige sie bei ihren Tätigkeiten. Zeichne dabei nur die Silhouetten von kleinen, schwarzen „Strichmännchen“ in verschiedenen Arbeitshaltungen, zum Beispiel kauernd, stehend, gebückt ...
- Vorschlag 2: Deute am unteren Bildrand, ca. 0,5 cm breit, den Horizont mit Büschen oder Baumgruppen als sehr kleine, dunkle Silhouetten an.

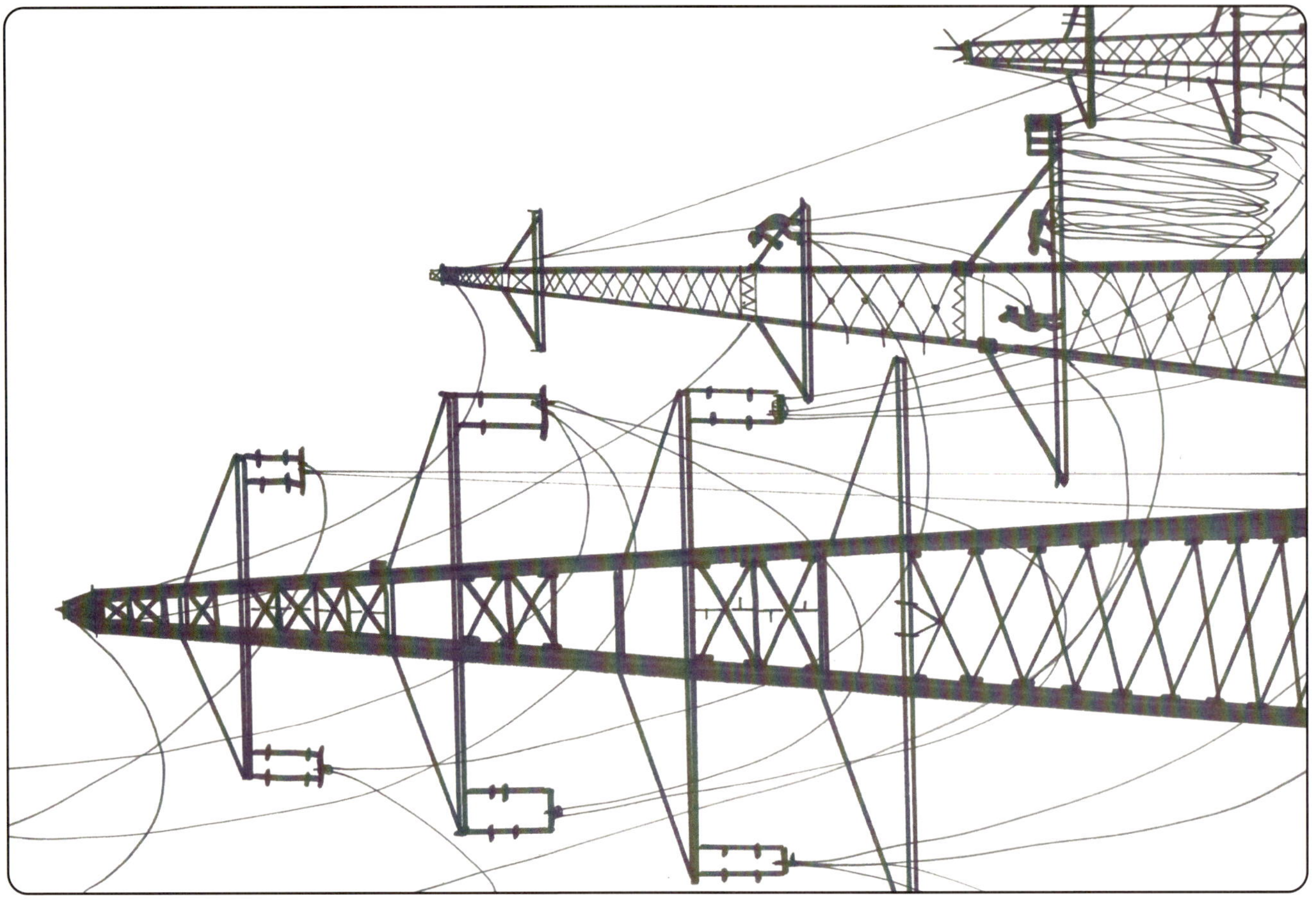

Riesenschmetterling

Material
- Fotokarton DIN A3 oder DIN A2 als Klebefläche
- Rest von schwarzem Fotokarton für den Schmetterlingskörper
- Collagematerial: Flyer von Ausstellungen, Fotos von Schulfesten, Kataloge ...
- Schere
- Klebestift
- Bleistift

Arbeitsgruppen und Themen
- Bildet Vierer-Gruppen und entscheidet euch für ein Thema, das euch euer Lehrer anbietet: zum Beispiel eine kunstgeschichtliche Epoche, ein Schulfest, neue Modetrends, Tiere im Zoo, Griechenland ...
- Dazu braucht ihr eine große Menge Bildmaterial, das ihr vielleicht auch schon im Vorfeld gesammelt habt. Natürlich könnt ihr dieselbe Abbildung auch mehrmals verwenden.

Zerschneiden und Kleben
- Nehmt einen Bogen Fotokarton in Größe DIN A2.
- Zerschneidet euer Bildmaterial so, dass möglichst wenig Hintergrund zu sehen ist. Gebt euren Collageteilen beliebig runde und eckige Formen.
- Bestreicht die Teile mit Klebestift und klebt sie so überlappend über- und nebeneinander, dass nichts mehr vom Klebeuntergrund zu sehen ist. Am Rand dürfen einige Stellen unbearbeitet bleiben. Die beklebte Fläche soll wie ein kunterbunter Teppich wirken.

Schmetterlingskörper
- Knickt einen Streifen schwarzen Fotokarton (15 cm x 45 cm) der Länge nach genau in der Mitte um.
- Zeichnet entlang der Knick-Kante einen halben Schmetterlingskörper (ohne Flügel!) auf und schneidet ihn doppelt aus.
- Beklebt ihn mit Schriftzügen, die erkennen lassen, zu welchem Thema ihr euren Riesenschmetterling angefertigt habt. Achtet darauf, dass alles gut lesbar ist.

Schmetterlingsflügel
- Knickt eure Collage in der Mitte und legt sie wieder aufgefaltet vor euch hin.
- Auf die Knick-Kante legt ihr den Insektenkörper und zeichnet von ihm ausgehend nur einen riesigen Schmetterlingsflügel mit Bleistift vor.
- Klappt die Bilderfläche wieder so zusammen, dass ihr die Bleistiftlinie seht, und schneidet den Flügel entlang der vorgezeichneten Linie doppelt (zusammengeklappt) aus. Dabei fallen natürlich einige beklebte Stellen weg. Nach dem Aufklappen habt ihr zwei miteinander verbundene, symmetrische Flügel vor euch liegen.

Fertigstellen

Klebt den Schmetterlingskörper in die Mitte und hängt euer Rieseninsekt im Schulhaus auf.

Riesenschmetterling

Material
- Fotokarton (mindestens DIN A4) als Hintergrund
- Tonpapier in verschiedenen Farben zum Collagieren
- Malkasten
- breiter Borstenpinsel
- Schere
- Klebestift

Bemalen von farbigem Tonpapier
- Wähle drei bis vier verschiedene Tonpapiere aus, mit denen du dein Bergpanorama gestalten willst. Achte darauf, dass sie sich gut voneinander abheben. Suche möglichst ungewöhnliche Kombinationen aus, zum Beispiel orange, kobaltblau, grau ...
- Lege die Blätter waagerecht vor dich hin und bemale sie im Mittelbereich oder an einer Breitseite mit ungewöhnlichen Farben: zum Beispiel weiß, violett, gelb, grünblau ... Führe dabei einen breiteren Borstenpinsel horizontal über das Blatt, sodass farbige Streifenspuren entstehen. Die Farben dürfen ineinanderlaufen und auch Pinselspuren können zu sehen sein.
- Bemale alle Tonpapierblätter nur in Teilen und lass alles gut trocknen.
  Tipp: Das farbige Tonpapier „schluckt“ etwas von der Leuchtkraft der Farben
- Bemale ein beliebiges Tonpapier mit kreisförmigen, dicht aneinanderliegenden Pinselstrichen: Daraus fertigst du später einen Regenbogen, eine Sonnenscheibe oder eine Mondsichel.

Ausschneiden von Bergketten

Arbeite jetzt ohne Vorzeichnung.
- Mit der Schere schneidest du aus Papier Nummer 1 eine Gebirgssilhouette aus: Sie besteht aus spitzen oder flachen Zacken, die sich quer über das gewählte Tonpapier und die bemalten Stellen hinziehen.
- Suche kontrastierende Papiere (2 und 3) und schneide eine zweite und dritte Bergkette aus. Die Spitzen sind immer anders gelagert und ausgerichtet.

Tipp: Experimentiere mit den Papierstreifen, indem du die „Bergketten“ hintereinander staffelst, Formen nachträglich veränderst und Bergzüge „verkürzt“ oder einzelne „Bergriesen“ dazwischenschiebst.

Collagearbeit
- Wähle einen Fotokarton als Hintergrund. Seine Farbe entspricht dann der Farbe des „Himmels“ auf deinem Bild.
  Tipp: Wähle eine „kühne“ Farbe, von der sich die Bergrücken gut abheben.
- Lege jetzt deine Gebirgsketten gestaffelt hintereinander auf den Untergrund und verschiebe sie gegeneinander, bis du eine zufriedenstellende Lösung gefunden hast: die einzelnen Bergketten heben sich gut voneinander ab, die Bergzacken haben verschiedene Formen, die bemalten Teile wirken wie Nebelfelder oder Wiesen, aus denen die schroffen Gipfel auftauchen.
- Markiere die Lage aller Teile mit Bleistift und klebe sie fest.
- Schneide aus der kreisförmigen Farbfläche eine Mondsichel, eine Sonnenscheibe, einen Regenbogen und ergänze damit deine abstrakte Berglandschaft.

Material
- weißes Zeichenpapier DIN A4
- Bleistift
- Lineal
- bunte Filzstifte in verschiedenen Strichbreiten

Texte schreiben
- Schreibe einen ganz kurzen Text zu einem beliebigen Thema (3–4 Sätze).
  Vorschläge:
  - Meine Lieblingsfächer
  - Warum ich Tiere liebe
  - Einladung zur Geburtstagsparty
  - Jeden Morgen ...

Tipp 1: Du kannst den Text auch mit dem Computer schreiben.
Tipp 2: Du kannst auch einen fertigen Text (z. B. ein Gedicht) verwenden.

Geheime Schriftzeichen erfinden
- Fertige eine Liste all jener Wörter an, die öfter vorkommen: der, die, das, und, ist, sind, hat, auch ...
- Erfinde „Kürzel" für sie, die du dann in deinem Text immer wieder verwenden kannst.
- Zeichne quer auf deinem Zeichenblatt mit Bleistift und Lineal Linien mit breitem Zeilenabstand.
- Triff folgende Entscheidungen:
  - Soll mein Text fortlaufend geschrieben werden? Die Übersetzung wird dann unter oder neben den Text geschrieben.
  - Möchte ich die einzelnen Schriftzeichen gleich erklären? Dann wird das jeweilige Wort in Druckschrift daruntergesetzt.
- Beginne nun Wörter in Schriftzeichen umzusetzen. Zeichne mit Bleistift vor.
  - Verwende Buchstaben verschiedener Größe als Abkürzung.
  - Zeichne einen Vorgang (z. B. „laufen") mit Strichmännchen.
  - Denke dir Symbole aus, z. B. ein Ohr für „zuhören".
  - Kombiniere Zahlen und Buchstaben, z. B. „eine" = 1e.
  - Gestalte auch Satzzeichen fantasievoll um.

Tipp 3: Je verschlüsselter dein Text ist, desto spannender wird das „Lesen".

Ausarbeiten zum Schriftbild
- Nimm farbige Filzstifte und gestalte die Schriftzeichen aus.
- Nimm schwarze Filzstifte in verschiedener Strichstärke und bearbeite das Schriftbild grafisch: dicke und dünne Linien, Punkte, Muster ...

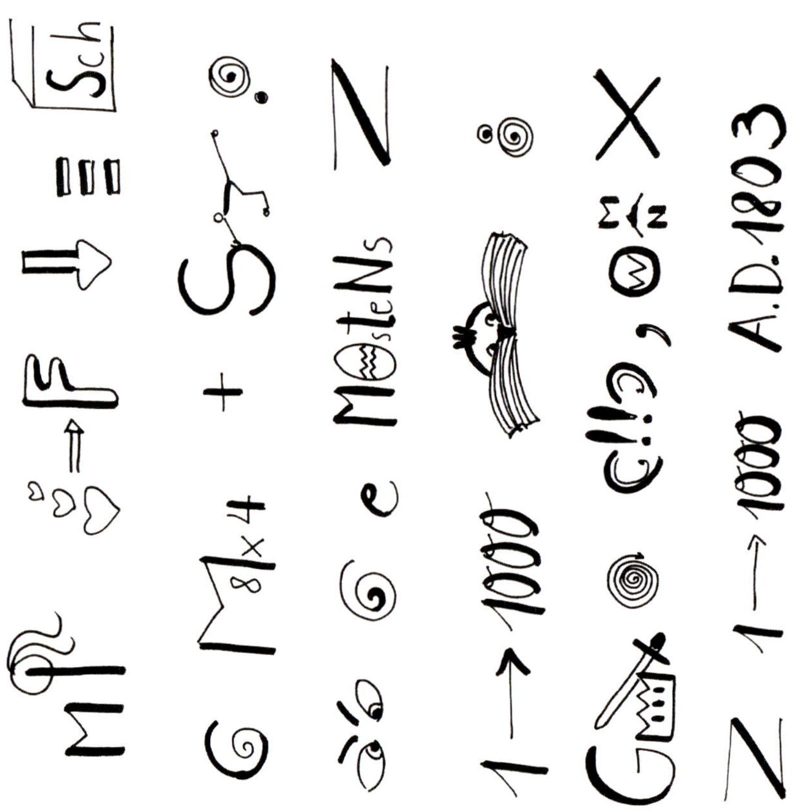

Meine Lieblingsfächer in der Schule sind Mathe und Sport. Leider gibt es meistens zu viele Hausaufgaben. Geschichte ist interessant, wenn man nicht zu viele Jahreszahlen lernen muss.

Material
- weißes Zeichenpapier DIN A4
- Lineal
- Bleistift
- schwarzer Filzstift in zwei Strichstärken
- roter Filzstift (z. B. Stabilo)

Perspektive vorzeichnen/anlegen

Stell dir vor, du stehst am Anfang einer langen Allee, die von Pappeln gesäumt ist. Damit die scheinbar zum Horizont hin kleiner werdenden Bäume perspektivisch richtig erscheinen, zeichnest du dir einige Hilfslinien vor.

Beachte dazu folgende Tricks:
- Falte das quer gelegte Zeichenblatt in der Mitte senkrecht und klappe es wieder auf. Die Knickkante bildet die Symmetrie-Achse, nach der sich deine Allee ausrichten wird.
- Markiere das entfernt liegende Ende der Allee mit einem kleinen Querstrich (ca. 3–4 cm).
- Zeichne an die beiden Endpunkte der Linie zwei Pappeln. Da sie weit weg vom Betrachter stehen, erscheinen sie sehr klein (ca. 4–5 cm).
- Ziehe von der Stelle aus, wo die Bäume aus dem Boden wachsen, zwei Linien. Sie laufen in einem weit auseinanderstrebenden Winkel auf den vorderen Bildrand zu. Versuche, sie möglichst symmetrisch zur angedeuteten Mittellinie anzulegen.
- Ziehe von der Spitze der Pappeln aus eben solche symmetrisch auseinanderstrebende Linien zum oberen Bildrand.
- Ergänze die Vorzeichnung noch durch Linien, die die Höhe der Stämme markieren. Diese Linien haben einen Neigungswinkel nach unten (siehe Skizze 1).

Pappelallee
- Markiere die Lage und Anordnung der Baumstämme mit Bleistift. Beachte, dass sie nicht nur zum Vordergrund hin länger werden, sondern dass auch die Abstände zwischen den Bäumen sich allmählich vergrößern (Skizze 1).
- Zeichne Äste und Laubwerk der Bäume als scharf umrissene Flächen, die sich ein wenig überschneiden. Die Bäume im Vordergrund stehen vor den dahinterliegenden.
- Unterteile den Weg mit waagerechten Linien. Am Horizont liegen die Linien sehr dicht beieinander, zum vorderen Bildrand hin werden die Abstände immer breiter. Achte darauf, dass alle Linien parallel zur unteren Bildkante verlaufen.
- Zeichne die Horizontlinie, die zwischen den Bäumen sichtbar wird, weiter. Jetzt darfst du auch mit geschwungenen Linien welliges Gelände andeuten.

Grafische Bearbeitung
- Fahre alle Konturen der Pappeln mit dickerem, schwarzem Filzstift nach.
- Bearbeite die Baumkronen, indem du die Flächen mit **Zahlen** füllst. Schreibe arabische Zahlen in beliebiger Reigenfolge, Größe und Lage. Du kannst sie auch durch einen Doppelrand betonen. Die weiter hinten liegenden Bäume werden mit sehr kleinen Zahlensymbolen, die weiter vorn liegenden mit größeren gestaltet. Arbeite **ohne Vorzeichnung** mit dünnem schwarzem Filzstift.

- Fülle die Zwischenräume zwischen den Zahlen dicht an dicht mit **Punkten.** Verwende dazu einen dünnen roten Filzstift.
- Zeichne mit dünnem, schwarzem Filzstift in die Zeilen, in die der Weg eingeteilt ist, **Zahlen und Buchstaben.** Verwende Großbuchstaben und verzerre sie etwas zum „Wegesrand“ hin.
- Fülle einige „Leerstellen“ zwischen den Buchstaben und Zahlen mit Schraffuren.
- Gestalte die zwischen den Bäumen sichtbare Landschaft mit **sehr kleinen Zahlen und Buchstaben** (Skizze 2).

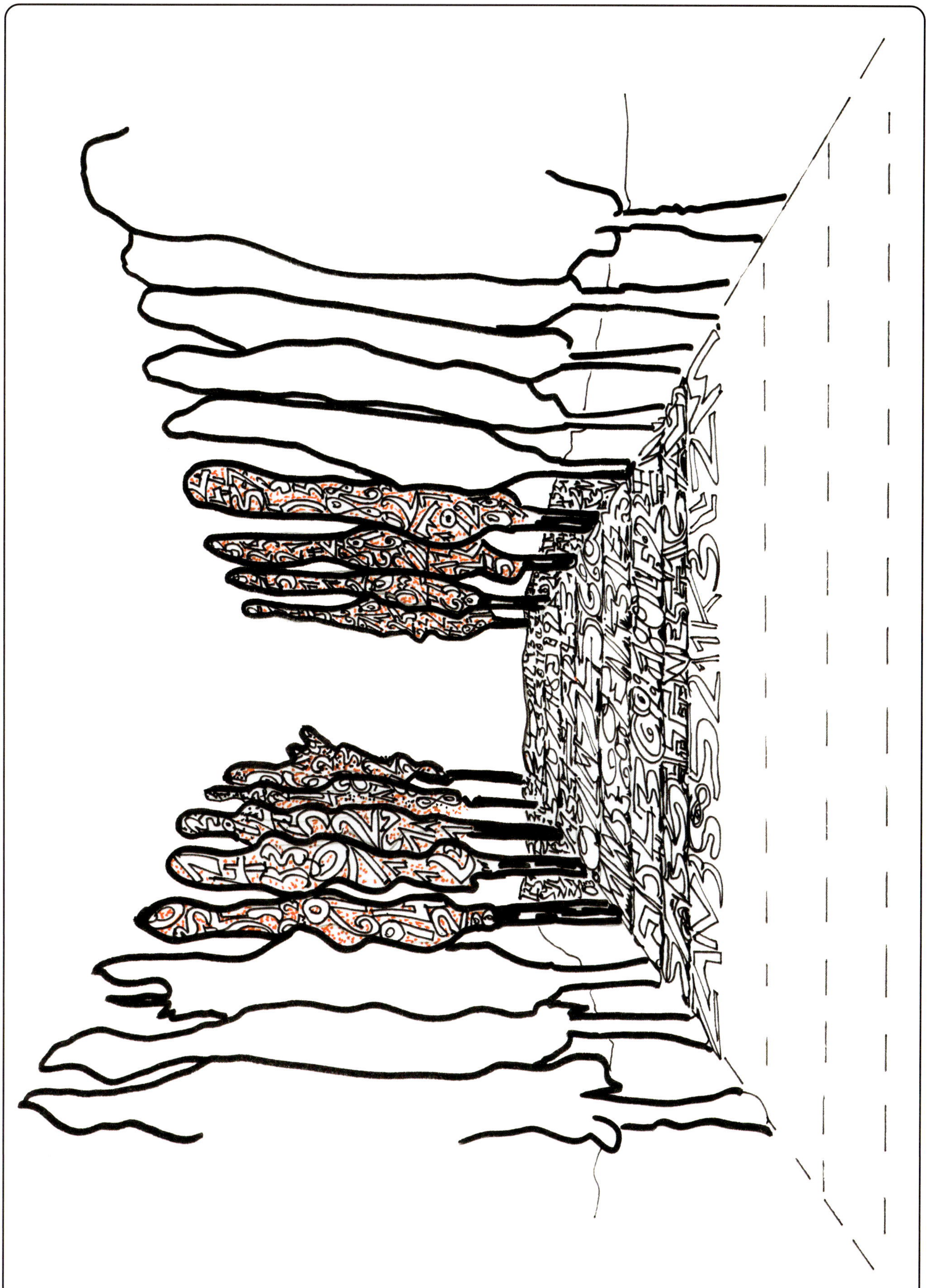

Material
- Reproduktionen von Bildern Paul Gaugins (Kalender, Kunstbücher)
- Pauspapier
- Zeichenpapier DIN A4/DIN A3
- Malkasten
- dünne Borstenpinsel
- schwarzer Filzstift
- Lineal
- Bleistift
- Büroklammern

Eine Umrisszeichnung erstellen

Dein Lehrer hat dir verschiedene Südsee-Bilder des Künstlers Paul Gaugin zur Auswahl vorgelegt. Sie zeichnen sich alle durch starke Farbigkeit und deutlich voneinander abgegrenzte Farbflächen aus.

- Wähle ein Bild aus.
- Verkleinere oder vergrößere es mit einem Kopiergerät auf Größe DIN A4/DIN A3.
- Nimm ein weißes Zeichenblatt, lege das Pauspapier (Kohlepapier) darauf. Achtung: Die Kohleseite muss auf dem weißen Papier liegen. Auf das Pauspapier legst du zum Schluss deine Fotokopie und fixierst das „Paket“ mit Büroklammern, damit nichts verrutscht.
- Zeichne mit Bleistift nur die „wichtigsten“ Linien des Bildes nach und lass kleinere Details weg.

Schwarz und bunt – Variante 1:

- Suche dir eine charakteristische Stelle in deiner Umriss-Zeichnung aus, die du **farbig** bearbeiten möchtest. Zeichne mit Lineal und Bleistift ein Rechteck um diese Stelle. Sie wirkt jetzt wie ein Fensterausschnitt.
- Male nun mit den Wasserfarben und einem möglichst dünnen Pinsel dieses „Fenster“ aus. Versuche, dich dabei am Original zu orientieren.
  Wichtig: Male nicht über den vorgezeichneten Rahmen hinaus.
- Bearbeite das restliche Bild in **Schwarz- und Grautönen:** Färbe Flächen ganz schwarz ein oder helle dein Malkasten-Schwarz mit viel Wasser auf. Zeichne mit dünnem schwarzem Filzstift Muster in einige dieser Flächen, z. B. Schraffuren, Punkte usw.
  Wichtig: Alle Farben des Originals werden in Grauwerte übertragen. Lass das Weiß des Untergrunds nur sehr sparsam durchscheinen.
- Ziehe zum Schluss mit Lineal und Filzstift nachmals den Rand des farbigen Feldes nach. Du kannst auch einige Konturen mit dem Filzstift nachträglich deutlicher machen.

Schwarz und bunt – Variante 2:

- Male nur die dargestellten **Personen in Grau- und Schwarztönen** aus. Lass auch größere weiße Flächen stehen, die du nachträglich immer noch bearbeiten kannst.
- Gestalte den **Hintergrund des Bildes in Farbe** und richte dich dabei wieder nach dem Original. Bessere unklare Konturen mit schwarzem Filzstift nach.

Material
- Fotokarton in beliebiger Farbe (35 cm x 50 cm)
- Lineal
- Bleistift
- Schere
- Malkasten
- Filzstifte
- Locher
- dünnes Gummiband
- Klebstoff

Die Grundform der Maske anfertigen
- Nimm deinen Fotokarton (35 cm x 50 cm) und knicke ihn der Länge nach in der Mitte zusammen. Klappe ihn wieder auf und lege ihn auf dein Gesicht. Die Nasenspitze soll an einer Schmalseite die Knickkante berühren.
- Jetzt brauchst du einen Partner, der mit Bleistift die Form deiner Nase als Dreieck einzeichnet.
- Ertaste mit der Fingerspitze deine inneren und äußeren Augenwinkel und markiere die Stellen. Nimm den Fotokarton ab und zeichne Gucklöcher für die Augen vor.
- Schneide Augenlöcher und Nasenfläche aus und kontrolliere ihren Sitz.
- Bearbeite nun die Maske von der gegenüberliegenden Schmalseite her. Klappe die Grundform wieder in der Mitte zusammen und trenne mit Bleistift und Lineal an der Längsseite (Außenkante) einen Streifen von 15 cm Breite ab, der nicht bearbeitet werden darf.
- An die Knickkante setzt du Punktmarkierungen im Abstand von 3 cm (insgesamt ca. 11 Markierungen).
- Ziehe vom ersten dieser Punkte eine geschwungene Linie zur (bereits abgeteilten) Randmarkierung. Wiederhole den Vorgang 11-mal und achtet darauf, dass die geschwungenen Linien parallel zueinander verlaufen (siehe Skizze).
- Schneide nun die aufgezeichneten Linien von der Knickkante her ein. Beim Aufklappen erscheinen sie symmetrisch auch auf der zweiten Hälfte der Maske.

Die Maske bemalen
- Lege die Maskenform aufgeklappt vor dich hin. Gestalte zunächst mit Bleistift die Augenpartie: Lider, Wimpern, Tränensäcke … Über den Augen ist noch Platz für Augenbrauen, Tattoos, Narben, Haaransatz …
- Arbeite die Vorzeichnung mit Filzstiften aus.
- Male jetzt mit Wasserfarben ohne Vorzeichnung die Flächen zwischen den Einschnitten aus.

Tipps:
Erfinde möglichst viele verschiedene Muster.
Verwende neben den Malkastenfarben auch Deckweiß.
Benutze einen dünnen Borstenpinsel.

Die Maske fertigstellen

- Jeweils in Höhe des äußeren Augenwinkels bringst du auf der Rückseite der Maske ein kleines Stück Karton zur Verstärkung an. In diesen Bereich stanzt du mit dem Locher je ein Loch (Auf Symmetrie achten!).
- Durch beide Löcher ziehst du ein Gummiband und verknotest es auf der Rückseite.
- Biege nun die Maske so nach hinten, dass du das Gummiband durch den letzten Einschnitt schieben kannst. Die Schablone wölbt sich zum Helm, den du nur noch aufzusetzen brauchst.

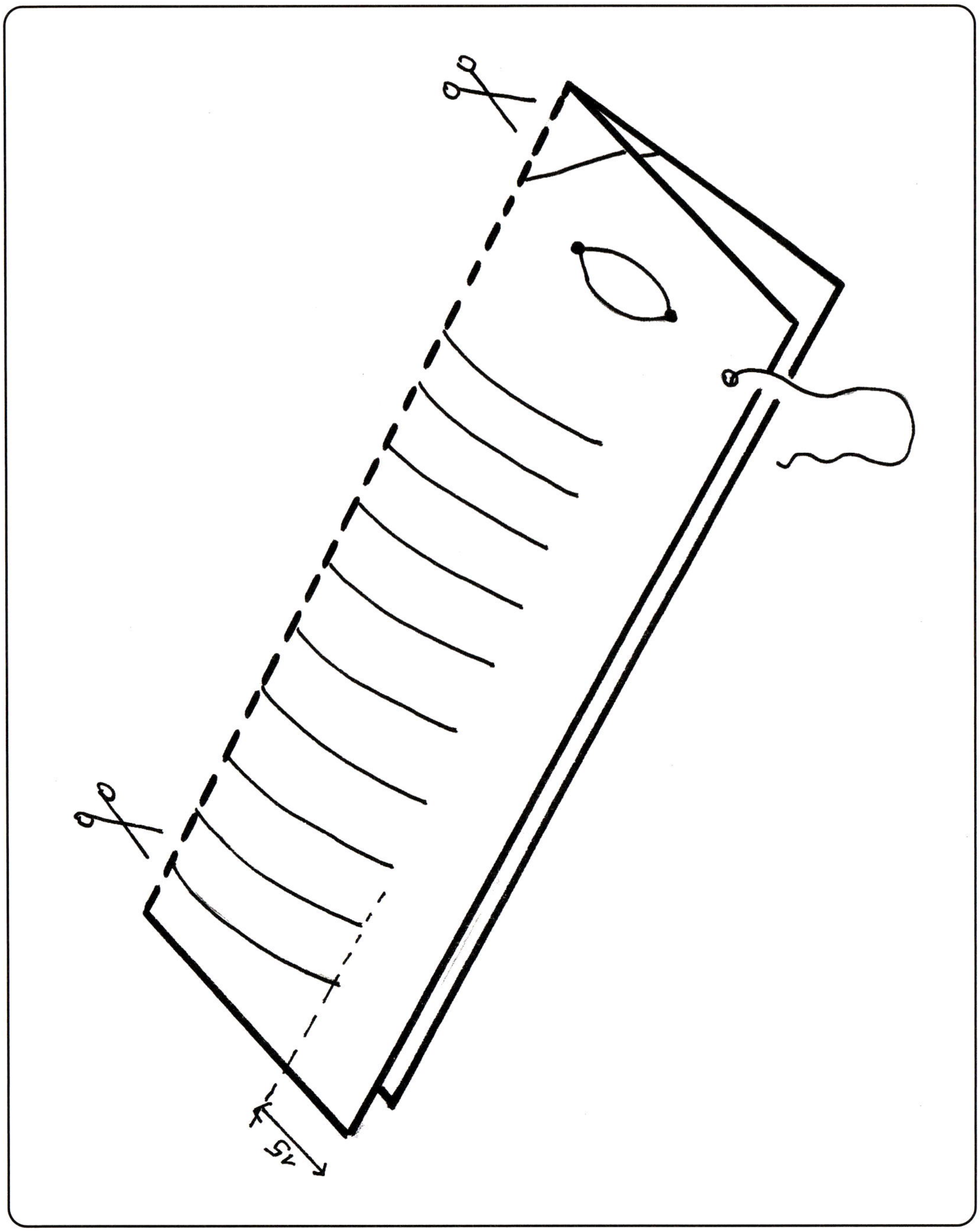

G. Blahak: Kreative Kurzprojekte für den Kunstunterricht

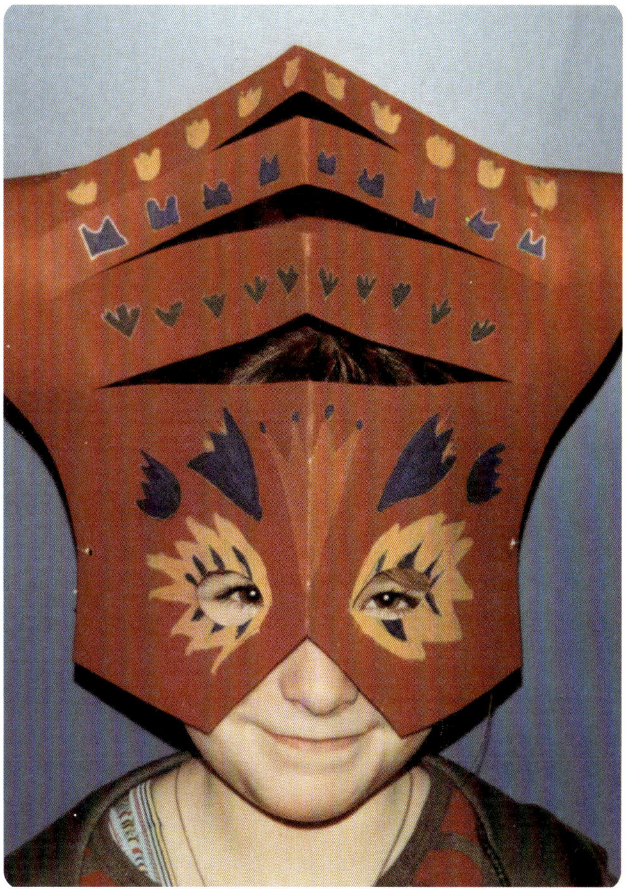

Material
- weißes Zeichenpapier (DIN A3)
- Bleistift, Radiergummi
- Holzfarbstifte/Buntstifte

Hintergrundinformationen

Jedes Jahr ist das fünftägige Pferderennen im britischen Ascot auch eines der wichtigsten gesellschaftlichen Ereignisse Großbritanniens. Am Ladies' Day ist es fast Nebensache, welches Pferd Sieger wird – die ausgefallenen Hutkreationen der Damen stehen im Mittelpunkt. Englands High Society trifft sich traditionell bei Hummer und Champagner und die Damen versuchen, sich mit exzentrischen Kopfbedeckungen zu übertreffen.

Entwurf eines exklusiven Hutes (I)

- Kopf und Schultern: Überlege, ob man den Kopf im Profil oder von vorne sehen soll.
  Zeichne dann mit Bleistift ein Oval (Vorderansicht) oder eine Profil-Linie auf dein Zeichenblatt.
- Achte darauf, dass noch genügend Platz für dein eigentliches Thema, den Hutentwurf, bleibt.
- Füge Hals- und Schulterpartie hinzu.
  - Bei der Vorderansicht gilt folgende Faustregel: Die Höhe des Kopfovals mal zwei ergibt die Schulterbreite (siehe Skizze).
  - Wichtig: Zeichne keine Gesichtszüge oder Schattenpartien ein. Dein Kopf-Modell soll eher wie ein weißes Styroporkopf wirken und nicht von der eigentlichen Kreation ablenken.
- Grundgerüst des Hutes:
  Mache ein paar kleine Bleistift-Skizzen und triff folgende Entscheidungen:
  - Soll der Hut einen Teil des Gesichts mit einer Krempe überdecken?
  - Soll es eine knapp sitzende Kappe oder ein Turban werden?
  - Sitzt der Hut tiefer oder höher auf dem Kopf (siehe Skizze)?
  - Reicht er über beide Ohren oder thront er schräg auf dem Kopf?

Entwurf eines exklusiven Hutes (II)

Überlege und notiere:
- Aus welchem Material soll der Hut sein: Stroh, Filz, Tüll, Metallgestänge ...?
- Wie sehen die „Aufbauten"/„Zutaten" aus: Blumen, Schleifen, Bänder, Spiralen, Ballons, Tiere, Landschaften ...?
- Welche – auch ungewöhnliche – Farben planst du einzusetzen?

Tipp:
Je ausgefallener deine Hutidee ist, umso besser passt sie nach Ascot. Zeichne mit Bleistift vor.

Weitere Details für das Design

- Lass einen Teil der Frisur unter dem Hut hervorgucken.
- Zeichne eventuell ausgefallenen Hals- und Ohrschmuck.
- Kreiere im Bereich der Schulterpartie einen auffallenden Kragen oder einen rasanten Halsausschnitt. Das Kleidungsstück kann die Idee des Hutes weiterführen oder unterstreichen.

Farbige Ausgestaltung mit Holzmalstiften

- Verwende ungewöhnliche, auch schrille Farbzusammenstellungen.
- Führe die Stifte mit unterschiedlichem Druck über die Flächen um Farbdifferenzierungen zu erreichen.
- Lege verschiedene Farbschichten übereinander.
- Zeichne Ornamente ein und fülle deren Hintergrund in einer kontrastierenden Farbe aus.
- Wechsle die Strichrichtung oder trage die Farbe spiralförmig auf.
- Verwische einige Partien leicht mit dem Finger.
- Gib jeder Fläche eine exakte Begrenzungslinie.

Extra-Tipp zum Schluss:
Gib deiner Hut-Kreation einen originellen Namen.

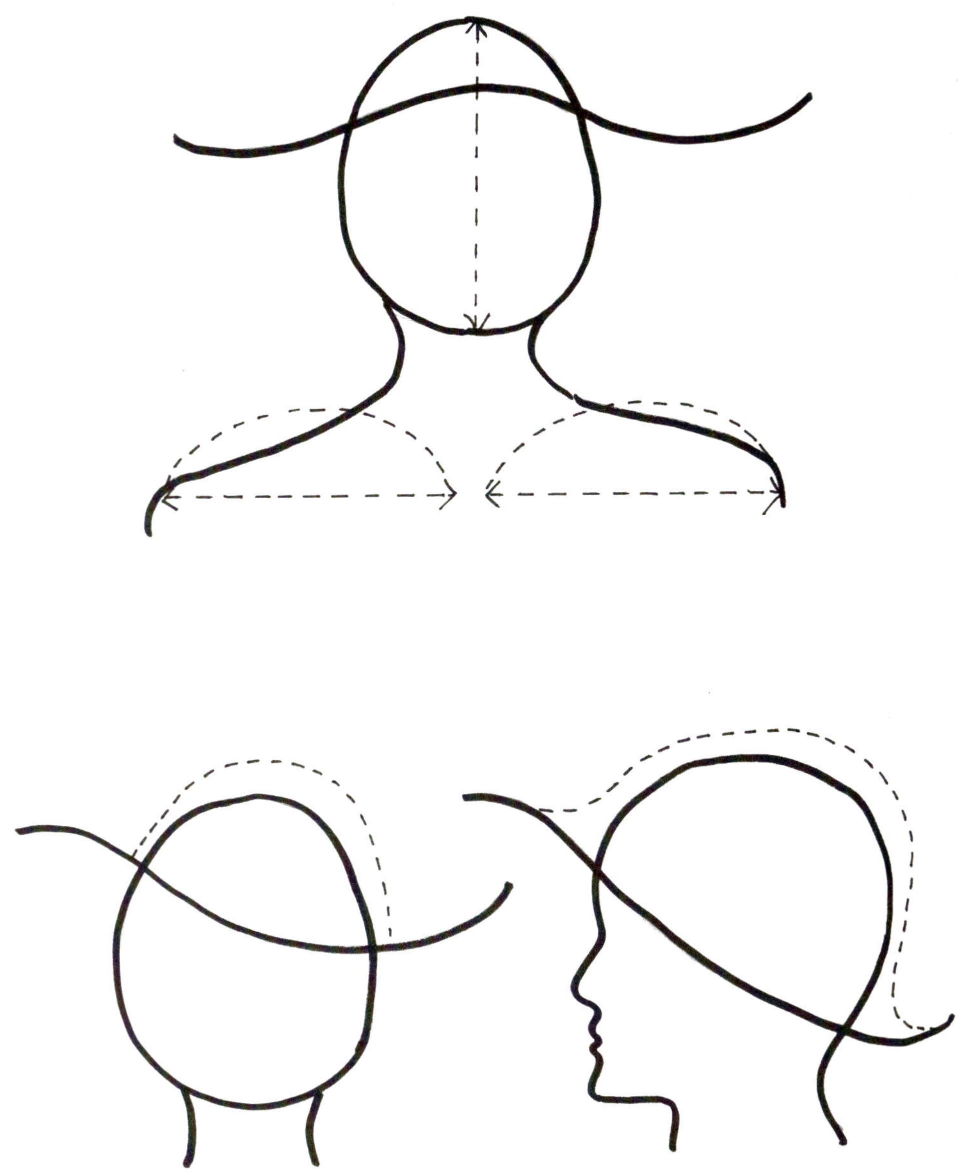

Material
- weißes Zeichenpapier DIN A3
- Bleistift
- Radiergummi
- schwarzer oder blauer Kugelschreiber
- Lineal

Vorbemerkung
Stelzengeher täuschen vor, überlange Beine zu haben. Bei deiner Aufgabe kommt noch hinzu, dass sie außerdem ihre Körpergröße zusätzlich künstlich durch sehr hohe Kopfbedeckungen verlängern.

Anordnung der Figuren auf dem Zeichenblatt
- Nimm dein Zeichenblatt im Hochformat und skizziere mit Bleistift 3–4 Figuren, die auf Stelzen gehen. Staffle sie hintereinander und lass sie zum oberen Blattrand hin kleiner werden.
- Zeichne nur Gesichtsoval, Oberkörper, Armhaltung, stark verlängerte Beine und Hutaufbau vor.
- Füge noch keine Details hinzu.
- Achte darauf, dass die Stelzen möglichst von weiten Gewändern verdeckt werden.
- Zeichne in der oberen Blatthälfte (am besten mit Lineal) eine Horizontlinie ein.

Ausgestaltung der Gesichter
- Erfinde Gesichtsformen: oval, pausbäckig, lang gezogen, birnenförmig, viereckig ... (Skizze a)
- Zeichne Augen als Punkte, Spiralen, Kreise (Skizze b).
- Deute Nasen nur als Strich mit Nasenlöchern und Nasenflügeln an (Skizze c).
- Zeichne Münder als kurzen Strich, Wellenlinie ... (Skizze d)
- Gib Ohren verschnörkelte Formen (Skizze e).
- Zeichne Haare und Bärte aus geraden und geschwungene Linien (Skizze f).

Erfinde Kopfbedeckungen
- Alle Hüte übersteigen die Höhe des Kopfes um ein Vielfaches.
- Sie haben mehr oder weniger ausladende Krempen.
- Ihre Form kann auch asymmetrisch sein (Skizze g).

Bearbeite die Kleidungsstücke zeichnerisch
- Füge noch Einzelheiten wie Schals, Federn oder Umhänge hinzu.
- Versieh alle Kleidungsstücke/Hüte mit Mustern, Ornamenten und Strukturen, sodass sie sich gut vom Hintergrund abheben.
  Vorschläge: Punkte, Schraffuren, Kreise, Wellenlinien, geometrische Formen (wie zum Beispiel Dreiecke oder Vierecke), Zickzacklinien, Spiralen, Nähte, Öffnungen …
- Lass Hautpartien (Gesicht, Arme) unbearbeitet.

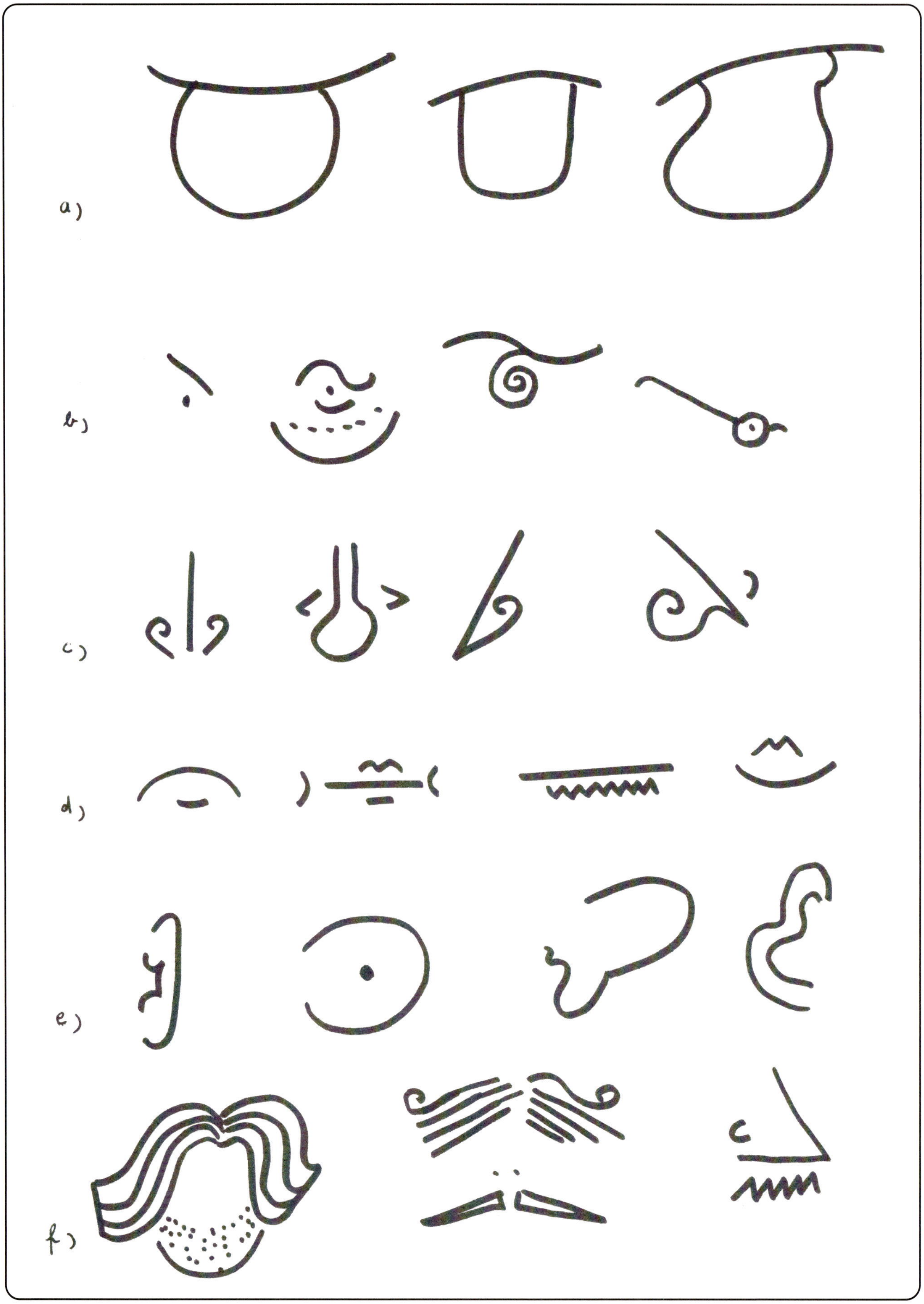
a)
b)
c)
d)
e)
f)

g)

Material
- verschiedene Papiere (ca. DIN A4): Packpapier, Tonpapier, Kopierpapier, Zeitungspapier ...
- dickflüssige Farben (in Tuben und Flaschen): Acryl, Wandfarben usw.
- Zeitungspapier (zum Abdecken)
- Malkittel
- Einmal-Handschuhe
- Bleistift
- Schere
- Klebestift
- Zeichenkarton (DIN A3) zum Aufkleben

Farbige Papiere herstellen
- Bildet Vierergruppen und schiebt eure Arbeitstische aneinander.
- Deckt die Arbeitsflächen gut mit Zeitungspapier ab.
- Legt verschiedene Papiere auf die Tische: Kopierpapier, Zeichenpapier, Tonpapiere, Packpapier, Zeitungspapier, Seidenpapier ...
- Zieht einen Malkittel und Einmal-Handschuhe an.
- Stellt verschiedene dickflüssige Farben bereit (Tuben und Flaschen).
- Drückt aus den Behältern kleine Mengen Farbe direkt auf die vorbereiteten Blätter.
  Tipp: Ihr könnt auch schon mit den Tuben Farbspuren auftragen.
- Verteilt dann mit Fingern und Händen die Farben über das Blatt. Je mehr Wischspuren entstehen, desto besser. Streift auch eure Hände ab und streicht Farben übereinander.
- Legt auf die bearbeiteten Blätter ein zweites, sauberes Blatt und klatscht die Farbe durch Aufdrücken und Hochziehen ab.
- Lasst alle Farbversuche gut trocknen.

Modelle entwerfen
Überlege zunächst, welche Kleidungsstücke du entwerfen willst, und mache ein paar Skizzen.
- Stelle dir folgende Fragen:
  - Herren- oder Damenkleider?
  - Teenager- oder Kinderkleidung?
  - Freizeitlook oder elegantes Outfit?
  - Einteilig oder mehrteilig?
  - Welche Accessoires?
- Beachte, dass alle Entwurfsideen auf ein DIN-A3-Blatt passen müssen.
- Beginne mit größeren Kleidungsstücken: Jacke, Hose, Kleid, T- Shirt ...
- Lege das Teil zunächst auf einen farbig passenden Untergrund und klebe es noch nicht fest.

Tipp:
Suche eine farbig besonders „lebhafte“ Stelle, knicke das Papier und zeichne nur eine Hälfte des Kleidungsstücks vor. Wenn du über die Knickkante doppelt ausschneidest, erhältst du ein symmetrisches Ergebnis.

- Experimentiere danach mit Kragen, Taschen, Knopfleisten, Verschlüssen, Ärmelstulpen ... Dazu solltest du ein Papier in einer anderen Farbstellung benutzen.
- Entwirf nun Accessoires:
  - Schuhe (High Heels, Turnschuhe, Pantoffel, Stiefel ...)
  - Taschen (Rucksack, „It-Bags“, Beutel ...)
  - Tücher und Schals
  - Gürtel (mit Schnalle, zum Binden)
  - Hüte (Kappen, breitrandige Hüte ...)
  - Schmuck (Armreifen, Ketten, Ohrgehänge ...)
  - Brillen
  - Handschuhe
- Mache mehrere Entwurfsversuche und erfinde einen Namen für dein neues Mode-Label.

Tipp:
Versuche, bei deinen Entwürfen Teile aus zwei verschiedenen Farbversuchen zu kombinieren. Dadurch entsteht der Eindruck, du hättest eine eigene Modelinie oder ein Set kreiert.

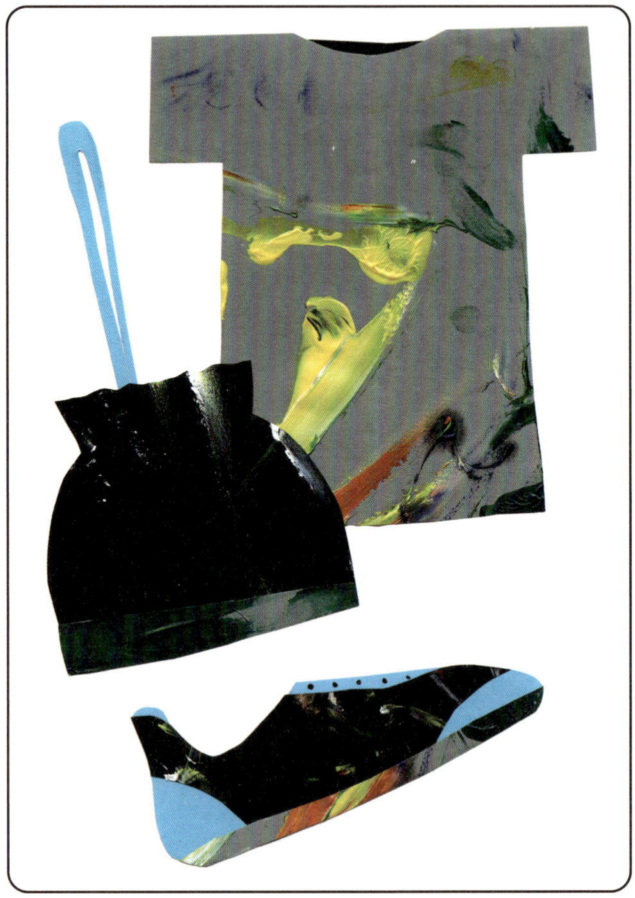

Material
- braunes Packpapier (1 Bogen)
- weißes Zeichenpapier
- Tonpapier-Reste (erdfarben, dunkelgrün, blau, rot) mindestens DIN A4
- bunte Filzstifte
- Schere
- Bürotacker
- Klebstoff
- Wollfäden, Stoffreste, Federn

Die Grundfigur herstellen

1. Kopf

Ein Stück braunes Packpapier (Größe ca. 20 cm x 40 cm) wird zum „Kopf" umgestaltet. Dazu klappst du alle Kanten ca. 3 cm nach innen und faltest das Papier so lange, bis ein „Päckchen" von ca. 10 cm x 6 cm Fläche entsteht. Dieses Rechteck stellt Kopf und Hals der Puppe dar. Überlege nun, ob du das Gesicht sofort aufzeichnen willst, oder ob du es mit einem andersfarbigen Papier (z. B. weiß) überziehen willst. Dazu klappst du einen Papierstreifen in passender Breite und Länge über das Päckchen, tackerst aber nur eine Hälfte im Halsbereich und an der Stirn fest. Den frei abstehenden Teil des Papiers kannst du durch Einschneiden als fransige Haare gestalten (siehe Skizze 1).

①

2. Körper

Nimm jetzt ein Stück Packpapier in der Größe 60 cm x 30 cm und schlage wiederum alle Kanten ca. 3 cm nach innen. Falte es so lange, bis eine Fläche von ca. 15 cm x 20 cm entsteht. Stecke den Kopf an einer Schmalseite in das „Päckchen" und tackere ihn gut fest.

3. Arme und Hände

Jetzt brauchst du einen Streifen Packpapier von 40 cm x 10 cm. Schlage wieder alle Schnittkanten nach innen und falte ihn auf eine Fläche von 35 cm x 3 cm wie oben beschrieben. Knicke die Enden etwa 3 cm um: Das werden die Hände.
Schiebe den Streifen an einer Längsseite in das „Körperpäckchen". Dazu musst du eine Knickkante etwas einschneiden.
Tackere den Armstreifen an. Die Arme stehen nun zu beiden Seiten gleichmäßig vom Körper ab.

4. Beine und Füße

Die Beine entstehen aus einem Packpapierstreifen von 10 cm x 45 cm. Falte ihn auf eine Größe von 3 cm x 40 cm und schneide ihn in der Mitte auseinander.
Für die Füße knickst du jeweils ein Ende ca. 3 cm um. Tackere diese Teile noch nicht an.

Die Figur einkleiden

Tipp:
Die Heftklammern sollen so weit wie möglich unsichtbar bleiben. Deshalb beginnst du mit den Teilen, die später noch überdeckt werden. Sichtbare Heftklammern kannst du z. B. später mit kleinen Papierteilchen überkleben.

1. Hosenbeine

Falte ein 13 cm x 30 cm langes Stück Tonpapier der Länge nach. Teile es in zwei gleich große Hälften und lege es um das jeweilige Bein. Die offene Kante liegt nach außen und kann z. B. gleich Einschnitte (Fransen) erhalten.
Schiebe nun Beine und Hosenbeine von unten in den „Körper" und tackere sie fest.

2. Hemd

Falte ein Blatt Tonpapier quer und umhülle den Rumpf der Figur. Es bleibt an einer Seite offen. Tackere es an den Schultern fest.

3. Ärmel

Miss die Spannweite der Arme. Falte einen entsprechend großen Papierbogen (Tonpapier), sodass du gleich Vor- und Rückseite hast. Schneide die Ärmelpartie für beide Arme, also Vorder- und Rückseite, im Ganzen aus. Gestalte die Ärmel an den Handgelenken etwas weiter. Auch hier kannst du schon Fransen anbringen.
Zeichne genau in der Mitte die Breite des Halsausschnittes vor und versieh das Ärmelteil dort mit einem schmalen Schlitz. Stecke den Kopf durch, klappe die Ärmel nach unten. Befestige alles, möglichst nur in der Mitte.

Die Figur ausgestalten

1. **Kopf**
   Betrachte Kachina-Puppen und arbeite das Gesicht mit geometrischen Formen aus: Augen als Rechtecke, Kreise als Nase, eine Kästchenreihe als Mund ...
   Bringe noch Federn oder Woll-/Jutefäden als Haare an oder drehe Papierstreifen zu Hörnern.

2. **Hemd**
   Versieh Ärmel und Brustteil des Hemdes mit farbigen Papierstreifen oder geometrischen Zeichnungen und Mustern. Klebe noch mehr Fransen auf. Gib der Puppe einen Gürtel (Papier oder Jute).

3. **Hosenbeine**
   Klebe kleine Verzierungen aus Papier auf oder bemale die „Leggins“.

Extra-Tipp:
Schiebe von den offenen Seiten her Lagen von Pack- oder Zeitungspapier in die Figur und „polstere“ sie aus. Dadurch wird sie stabiler und wirkt dreidimensional. Vergiss nicht diese Polster „unsichtbar“ zu befestigen, damit sie später nicht herausrutschen.

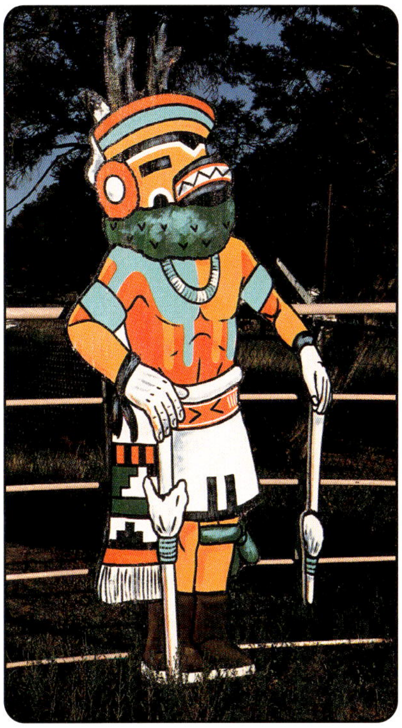

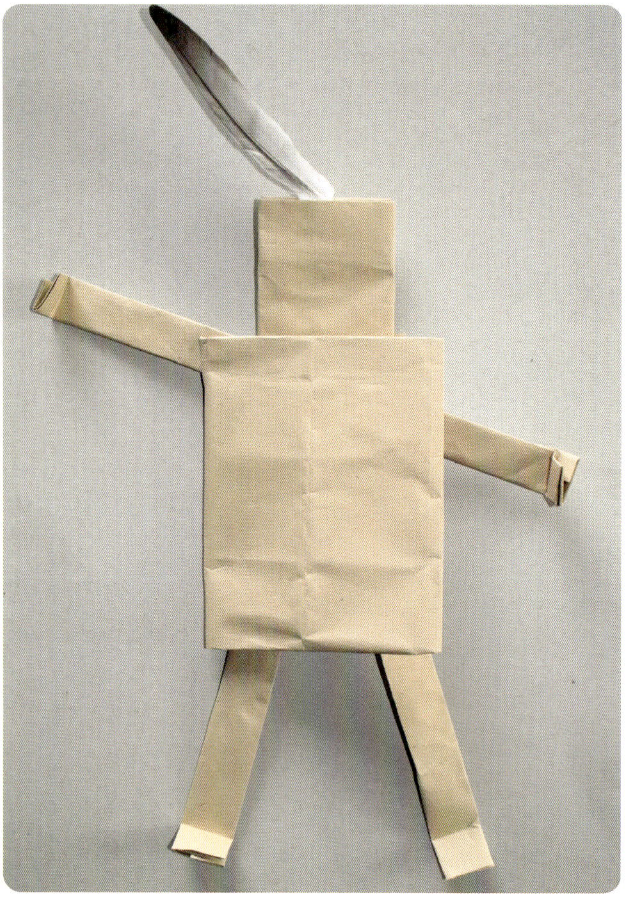

Material
- weißes Zeichenpapier (DIN A4)
- schwarzes Tonpapier (DIN A4)
- schwarzer Filzstift
- Bleistift
- Lineal
- Schere
- Klebestift

Schwarze Flächen
- Entwirf auf schwarzem Tonpapier mit Bleistift den Umriss einer Frisur. Beachte, dass die Haare sich entweder helmartig um das Gesicht schmiegen, fransig abstehen oder lockig herabfallen. Es gibt keine Binnenformen: Kopfform und Gesichtsausschnitt ergeben sich aus den Begrenzungslinien dieses „Haarteils".
- Zeichne sehr große Formen, denn, um deinem Bild Comic-Charakter zu verleihen, werden Teile der Gesichter oder Körperpartien vom Bildrand abgeschnitten.
- ***Tipp:*** Es geht leichter, wenn du den gesamten Kopf vorzeichnest und dann nur die Form der Frisur und die gewünschten Teile ausschneidest. Klebe die schwarzen Flächen gleich auf weißes Zeichenpapier.

Weiße Flächen

Gib der „Frisur" jetzt ein Gesicht. Arbeite zunächst mit Bleistift:
- Zeichne eine Kinn- und Halslinie.
- Entwirf eine ausdrucksvolle Augenpartie (Lider, Wimpern, Iris ...).
- Deute die Nase nur durch Nasenlöcher, eine Nasenspitze oder zwei kurze Linien an.
- Zeichne einen Mund mit breiten, geschwungenen Lippen.
- Ziehe alle Linien mit schwarzem Filzstift nach und gestalte einige Teile zu schwarzen Flächen aus: Mund, Lider, Augenbrauen ...
- ***Tipp:*** Lass in den Augen oder auf den Lippen kleine weiße Stellen als Glanzpunkte stehen.

Bearbeiten der Restfläche

Kleidungsstücke:
- Gestalte den Stoff in einem Streifenmuster. Achte dabei darauf, dass sich breite, schwarze Streifen mit weißen abwechseln. Du kannst dazu ein Lineal verwenden, aber die Streifen auch gewunden den Körperformen folgen lassen.
- ***Tipp:*** Krawatte, Schleifen, Kragen, Gürtel kannst du auch aus schwarzem Tonpapier zuschneiden und aufkleben.

Hintergrund:
- Die Fläche hinter den Köpfen wird mit Filzstift als Streifentapete gestaltet.
- Das Streifenmuster läuft senkrecht oder waagerecht zu den Gesichtern.
- ***Tipp 1:*** Benutze dazu auf jeden Fall ein Lineal und markiere die Abstände zwischen den Streifen vorher mit Bleistift.
- ***Tipp 2:*** Sollte auf deinem Bild noch zu viel Hintergrundfläche sichtbar sein, kannst du nachträglich noch aus Tonpapier Teile eines schwarzen Fensters, einer Hand usw. ausschneiden und aufkleben.

Material
- 2 Blatt weißes Zeichenpapier DIN A4 oder DIN A3
- weiße Kerzenreste
- Malkasten
- breiter Pinsel
- Wachsmalkreiden
- Bleistift
- schwarzer Filzstift
- Schere
- Klebestift

Feuerwerkskörper am nächtlichen Himmel
- Nimm dein Zeichenblatt längs oder quer und markiere ganz leicht mit Bleistift, an welchen Stellen Feuerwerkskörper explodieren sollen. Beachte, dass von einem Punkte aus Funkenlinien in alle Richtungen sprühen sollen. Manchmal überschneiden sie sich, ab und zu sieht man nur kleine Lichtpunkte von verglühenden Raketen. Setze nicht zu viele Lichteffekte auf das Blatt, sondern lass auch einige Teile des Blattes frei.
- Fahre mit einem Kerzenrest alle Linien mit kräftigem Druck nach.
  Tipp: Halte dein Blatt gegen das Licht um zu kontrollieren, ob alle Linien gut sichtbar sind.
- Nimm klares Wasser und befeuchte das ganze Blatt mit einem breiten Borstenpinsel.
- Bemale nun mit Schwarz und Blau das Blatt mit waagerechten Pinselstrichen. Lass an manchen Stellen zusätzlich Farbe nachfließen. An den Stellen, die du zuvor mit Wachs „reserviert" hast, perlt die Farbe ab. Die Bahnen der Feuerwerkskörper heben sich hell vom dunklen Untergrund ab.
- Lass alles gut trocknen.

Zuschauer bestaunen das Feuerwerk
- Nimm ein zweites Blatt Zeichenpapier und lege es längs oder quer vor dich hin, je nachdem welches Format du für dein Feuerwerksbild gewählt hast.
- Zeichne zunächst mit Bleistift am unteren Blattrand eine Reihe von Personen, die man nur in Rückansicht sieht. Vor ihnen steht eine weitere Reihe von Menschen, die durch die zuerst gezeichneten Personen teilweise verdeckt werden. Du kannst auch noch eine dritte Zuschauerreihe anfügen.
- Beachte, dass du möglichst verschiedene „Typen" zeichnest: große, kleine, Kinder, alte Leute, Leute mit ungewöhnlichen Frisuren, Hüten, Kappen, Rucksäcken, Kleidungsstücken, Schirmen ...
- Arbeite die Vorzeichnung mit schwarzem Filzstift aus. Versieh die Personen mit verschieden gemusterten Kleidungsstücken und anders gestalteten Haarsträhnen, damit sie sich gut voneinander abheben.

Fertigstellen des Bildes
- Schneide die Personengruppe entlang der Umrisskante aus, die von den obersten Köpfen gebildet wird. Klebe die Zeichnung auf den unteren Bildrand.
- Nimm Wachsmalkreiden in den „Feuerwerksfarben" Rot, Orange, Grün, Blau, Violett oder Gelb und fahre die Wachsspuren noch einmal kräftig nach.

G. Blahak: Kreative Kurzprojekte für den Kunstunterricht

STOP

Material
- weißes Zeichenpapier DIN A3
- Skizzenpapier
- Bleistift
- Malkasten
- Borstenpinsel in verschiedenen Breiten
- Tusche- oder Tintenstift (wasserlöslich)

Anfertigen einer Bleistift-Skizze

Du hast dir einen Vogel mit lebhaft gemustertem Gefieder ausgesucht. Nun sollst du in einer Vorzeichnung das Motiv in seinen charakteristischen Umrissen auf dein Blatt zeichnen.

- Gehe von geometrischen Formen wie Kreis, Oval, Halbkreis aus, aus denen sich jeder Vogel zusammensetzen lässt (Skizze 1).
- Zeichne nur die großen Schwungfedern ein.
- Gib für die spätere Pinselführung nur einige Strichrichtungen für die Anordnung des restlichen Gefieders vor.
- Skizziere die Lage der Augen und, soweit sichtbar, die Beine und Krallen.
- Der Blattrand kann das Motiv auch teilweise abschneiden.

Gefieder malen

1. Schwungfedern

- Beginne mit den großen Schwungfedern. Dazu wählst du deinen breitesten Pinsel und nimmst so viel Farbe wie möglich aus deinem Farbnäpfchen auf (schwarz, braun ...).
- Male nun mit Druck und Schwung die einzelnen Federn (Skizze 2).

Tipps:
Nimm für jede Feder neue Farbe auf.
Lass zwischen den Farbflächen das Weiß des Papiers stehen.
Setze innerhalb der Federfläche den Pinsel nicht ab.
Halte dich nur ungefähr an die Vorzeichnung. Wichtig ist, dass du die Farbe satt und schwungvoll aufträgst.

2. Kleinere Federn

- Male kleine, kurze Striche neben- und hintereinander.
- Setze den Pinsel mit der Spitze ein: Tupfe Reihen von kleinen Farbflächen auf. Sie müssen nicht regelmäßig ausfallen (Skizze 3).
  Wichtig: Lass wiederum weiße Stellen dazwischen stehen.

Kopf und Beine des Vogels

Während das gemalte Gefieder trocknet, gestaltest du den Kopf und die Beine farbig.

- Verwende viel Wasser und lass Farben ineinanderfließen.
- Spare die Fläche um das Auge zunächst aus.
- Setze Farbakzente in die Flächen.

Ausarbeitung der Zwischenräume mit Tuschestift

Fülle die ausgesparten Flächen mit sehr kleinem Gefieder:

- Kritzle entlang der Farbflächen mit einem Tuschestift, lass aber auch noch weiße Partien stehen. ***Achtung:*** Richtung der Federn beibehalten.
- Verlängere Federn durch längere Kritzelspuren.
- Fahre bei großen Federn die Konturen mit schwungvollen Linien nach.
- Tauche einen dünnen Pinsel in klares Wasser und vermale die Kritzelspuren. Es entstehen durch dieses lasierende Malen unterschiedliche Grauwerte, die die weißen Flächen zum Teil ausfüllen.
- Tupfe zum Schluss noch dort Malkasten-Farbe auf, wo du ein dichteres Federkleid darstellen willst.

①

②

③

④

⑤